AF314210

ETABLISSEMENT
DE LA JURISDICTION
DE
LA POLICE
EN L'HOSTEL COMMUN
DE LA
VILLE D'ORLEANS.

A ORLEANS,

Chez FRANÇOIS ROUZEAU, Imprimeur ordinaire
du Roy, & de la Ville. 1729.

EXTRAIT DES REGISTRES DU GREFFE
*de la Jurisdiction de la Police d'Orleans, établie
en l'Hôtel-de-Ville.*

'AN mil sept cent, le Mercredy septiéme jour d'Avril,
Pardevant Nous ELIE DELAFONS Ecuier, sieur de la
Brosse, & autres lieux, Conseiller du Roy nôtre Sire, Son
Altesse Royale Monseigneur le Duc d'Orleans, Lieute-
nant General de Police, Prevôt, Juge Civil & Criminel
de la ville d'Orleans, Conservateur des Privileges Royaux
de l'Université de ladite Ville, Juge des Exempts és Cas
Royaux, Commissaire-Enquêteur & Examinateur en la Prevôté d'Orleans ;
Sont comparus les Sieurs Maire, Echevins, & Procureur du Roy de ladite
ville d'Orleans, és personnes de FRANÇOIS RENARD, sieur de Semonville,
Maire ; JEAN SALOMON, sieur de Farges, Conseiller du Roy, Elû en l'Election
d'Orleans, Receveur ; JACQUES ALFAUME ; PAUL DUVAL, sieur de Villoiseau ;
EDME PROUST de Chambourg, Docteur Regent en l'Université d'Orleans ;
CLAUDE PARIS, sieur de Mondonville, Echevins, & ETIENNE LEVASSOR,
Conseiller du Roy & son Procureur de ladite Ville :

Lesquels Nous ont remontré, qu'en execution du Traité pour l'exercice
de la Jurisdiction de la Police, arrêté le quinze Février dernier entre Nous,
lesdits Sieurs Maire & Echevins, tant pour eux que pour ledit sieur Levassor
Procureur du Roy de ladite Ville, & les autres Officiers dénommez audit
Traité, homologué par Arrest du Conseil d'Etat du Roy du 2. Mars dernier ; ils se sont pourvûs pardevers Sa Majesté, qui a bien voulu leur accorder ses Lettres Patentes nécessaires pour l'Etablissement de ladite Jurisdiction de la Police en l'Hôtel de ladite Ville d'Orleans : Lesquels Traité,
Arrest du Conseil, & Lettres Pattentes registrées en la Cour de Parlement,
par Arrest du 1. du present mois, ils Nous ont representé & requis en consequence, qu'il Nous plust Nous transporter audit Hôtel-de-Ville, pour y établir ladite Jurisdiction.

SUR QUOI, Nous, Lieutenant General susdit, ayant égard à la Requête defdits Sieurs Maire & Echevins, & Procureur du Roy de la Ville , ferions tranfporté , affifté de Me. Jean Porcher nôtre Greffier commis, précedé de Guillaume Beaulieu nôtre Huiffier Audiencier, & fuivi des Capitaines & Cinquanteniers de la Ville , dans la grande Salle dudit Hôtel-de-Ville ; où Nous & les autres Officiers dénommez par lefdits Traité, Arreft du Confeil, & Lettres Patentes, oüy & ce confentant le Procureur du Roy de la Police , Avons pris nos rangs & feeances , fuivant & comme il eft porté par lefdits Traité, Arreft du Confeil, & Lettres Patentes, fauf que la place dudit fieur de Saint-Mefmin eft demeurée vacante à caufe de fon indifpofition , entre lefdits Sieurs Legrand & Létoré. Ledit Jean Porcher, Greffier commis, a pris feeance à un petit bureau derriere ledit fieur Charbonnier, & vis-à-vis de Nous : Avons indiqué pour les Commiffaires de Police un banc vis-à-vis le Bureau , qui eft celui des anciens Maires aux Affemblées de la Ville : Et pour les Avocats, le banc qui eft entre la cheminée, entrant à main droite , & à la porte où l'on va de ladite Salle à la Chambre du Confeil de ladite Ville : Pour les Procureurs & les Parties , les autres bancs de ladite Salle.

Et a l'instant, oüy & ce requerant le Procureur du Roy de ladite Police, avons fait faire lecture par notre Greffier des Edits portant Création des Offices de Confeillers du Roy, Lieutenans Généraux & Procureurs de Sa Majefté pour la Police ; de celui portant defunion de la Charge de Lieutenant de Police , de celle de Lieutenant Civil de la Ville, Prevôté & Vicomté de Paris ; de l'Arreft du Confeil d'Etat du Roy , du 5. Janvier dernier, portant union de l'Office de Lieutenant General de Police d'Orleans, à celui de Prévôt, avec la faculté de les defunir : De celui portant union de l'Office de Procureur du Roy de la Police d'Orleans, à ceux d'Avocats & Procureurs du Roy au Bailliage, Siége Préfidial & Prévôté d'Orleans ; de l'Arreft du Confeil d'Etat du Roy, du 2. Mars dernier , qui homologue & contient ledit Traité ; des Lettres Patentes accordées par Sa Majefté pour l'execution d'icelui ; de l'Arreft d'Enregiftrement defdites Lettres Patentes. Defquels Edits , Arrefts du Confeil, Lettres Patentes , & Arreft de la Cour de Parlement la teneur enfuit.

EDIT DU ROY, PORTANT CREATION
d'un Lieutenant General de Police dans chacune
des Villes du Royaume.

Donné à Fontainebleau au mois d'Octobre 1699.

<table>
<tr>
<td>Edit de création
de Lieutenans Ge
neraux de Police,
Octobre 1699.</td>
<td>LOUIS par la grace de Dieu Roy de France & de Navarre : A tous prefens & à venir, Salut. Par nôtre Edit du mois de Mars 1667. Nous avons créé & érigé en titre d'Office un nôtre Confeiller Lieutenant</td>
</tr>
</table>

General de Police en nôtre bonne Ville & Fauxbourgs de Paris, pour y exercer la Police feparément d'avec la Charge de Lieutenant Civil en nô-tre Châtelet, fuivant qu'il a été reglé par ledit Edit. L'avantage qu'ont re-çû les Bourgeois de nôtredite Ville de Paris de cet Etabliffement Nous a paru fi confiderable, que Nous avons crû le devoir procurer à tous nos autres Sujets, en établiffant un femblable Office en chacune des Villes & Lieux de nôtre Royaume où l'Etabliffement fera jugé neceffaire ; mais comme Nous fommes informez qu'il a déja été créé par les Rois nos Pré-deceffeurs de pareils Offices dont les Fonctions n'ont jamais été bien re-glées, & qui dans la plufpart des lieux fe trouvent aujourd'hui réünis à d'autres Offices , dont les Fonctions font feules capables d'occuper ceux qui en font pourvûs , en forte que celles de la Police fe trouvent entie-rement negligées, au grand préjudice de nos Sujets ; Nous avons jugé à propos de les fupprimer, & de pourvoir au rembourfement des Finances qui auront été payées, afin de rendre l'Etabliffement defdits nouveaux Of-fices uniforme dans toute l'étenduë de nôtre Royaume, Pays, Terres, & Seigneuries de nôtre obeiffance. A CES CAUSES, & autres à ce Nous mouvans, de nôtre certaine fcience, pleine puiffance & autorité Royale, Nous avons par le prefent Edit perpetuel & irrevocable, éteint & fuppri-mé , éteignons & fupprimons les Etats & Offices de nos Confeillers Lieu-tenans Generaux de Police , cy-devant créez dans toutes les Villes de nô-tre Royaume , à l'exception de nôtre bonne Ville de Paris: foit que lefd. Offices foient poffedez par des titulaires ou réünis à d'autres corps d'Offi-ces ou Hôtels-de-Ville , Voulons que les Proprietaires d'iceux rapportent inceffamment dans nôtre Confeil leurs Titres de Proprieté , pour être pro-cedé à la liquidation de leur Finance, & pourvû à leurs rembourfemens. Et du même pouvoir & autorité que deffus , Nous avons créé & érigé , créons & érigeons en titre d'Office formé hereditaire un nôtre Confeiller Lieutenant General de Police dans chacune des Villes & Lieux de nôtre Royaume , Pays, Terres & Seigneuries de nôtre obéiffance où il y a Parle-ment, Cour des Aydes, Chambre des Comptes, Préfidiaux, Bailliages, Se-néchauffées , & autres Jurifdictions Royales, pour en faire les fonctions, ainfi que nôtre Lieutenant General de Police , créé pour nôtre bonne Ville de Paris par nôtre Edit du mois de Mars 1667. à l'inftar duquel Nous avons créé par le prefent Edit lefdits Offices, dont les pourvûs auront entrée , rang & feance dans les Bailliages & autres Jurifdictions Royales des lieux où ils feront établis , immediatement aprés les Lieutenans Generaux , ou autres premiers Juges, & voix déliberative, ainfi que tous les autres Officiers defd. Sieges ; & afin que leurs Fonctions foient certaines & ne puiffent leur être conteftées, Nous voulons & ordonnons que lefdits Lieutenans Generaux de Police connoiffent de tout ce qui concernera la feureté des Villes & Lieux où ils feront établis , du port d'Armes prohibé par nos Ordonnances, du net-toyement des Ruës & Places publiques, de l'entretenement des Lanternes dans les Villes où l'Etabliffement en a été fait , circonftances & dépendances, de toutes les Provifions neceffaires pour la fubfiftance defdites Villes, des

amas & magafins qui en feront faits , du taux & prix des denrées, auront la
vifite des Halles, Foires & Marchez, des Hôtelleries, Auberges, Maifons
garnies, Cabarets, Caffez, Tabacs, & autres lieux publics ; auront la connoiffance des Affemblées illicites, feditions, tumultes & defordres qui arriveront à l'occafion d'icelles , des Manufactures & dependances d'icelles , des Ele-
ctions des Maîtres Jurez de chacun Corps de Marchands & Métiers, des Brevets d'apprentiffage & Receptions de Maitres, des Rapports & Procez ver-
baux de Vifites, des Jurez, & de l'execution des Statuts & Reglemens des
Arts & Métiers ; donneront tous les Ordres neceffaires dans les cas d'incendie ou inondation, feront l'Etalonage des poids & balances & mefures des
Marchands & Artifans defdites Villes & Fauxbourgs d'icelles, à l'exclufion de
tous autres Juges; connoîtront de nôtre Declaration du dernier Aouft 1699.
touchant le Trafic des bleds, recevront le Serment de ceux qui voudront faire
le Trafic defdits bleds & autres grains, à l'exclufion de tous nos autres Juges,
aufquels Nous en interdifons la connoiffance ; connoîtront auffi des contraventions qui feront commifes à l'execution des Ordonnances, Statuts & Reglemens faits pour le fait de Librairie & Imprimerie ; feront tenus les Prevôts des Maréchaux , Vicebaillifs , leurs Lieutenans, Exempts , Archers ,
Huiffiers & Sergens, d'executer les Ordres & Mandemens defdits Lieutenans
de Police ; comme auffi les Bourgeois & Habitans defdites Villes de prêter
main-forte à l'execution de leurs Ordres & Mandemens, toutefois & quantes
qu'ils en feront requis, affifteront à toutes les Affemblées de Ville & y auront voix déliberative , parapheront tous les Bulletins qui feront délivrez
par les Jurats , Capitouls, Confuls, Maires & Echevins pour le logement des
gens de Guerre ; & generalement appartiendra aufdits Lieutenans Generaux
de Police l'execution de toutes les Ordonnances, Arrefts & Reglemens concernans le fait d'icelle , circonftances & dépendances, pour en faire les fonctions en la même forme & maniere que fait le Lieutenant General de Police de nôtredite Ville de Paris ; auront lefdits Lieutenans Generaux de Police leur Siege ordinaire dans le Palais ou Auditoire de chacune Ville où ils
tiendront leurs Audiences , aux jours & heures qu'ils trouveront convenables
& jouiront des mêmes Honneurs, Prérogatives, Privileges, droits & autres
avantages dont joüiffent les Lieutenans Generaux efdits Préfidiaux, Bailliages
& Sénéchauffées, même de l'exemption des Tailles , Subfides , Logemens
de gens de Guerre, Tutelles , Curatelles & nomination d'icelles, du fervice
de Ban & arriere-Ban, & generalement de toutes charges publiques, du droit de
Committimus & d'un Franc-falé que Nous avons fixé; fçavoir, pour ceux qui
feront établis dans les Villes où il y a Parlement ou autre Cour Superieure, à
un minot, & dans les autres Villes & Lieux un demi minot, qui leur feront
délivrez en la maniere ordinaire ; leur avons en outre attribué & attribuons la
fomme de cent trente-trois mille trois cens trente-trois liv. fix f. huit den. de
gages effectifs à départir entr'eux , fuivant les Rolles qui en feront arrêtez en
notre Confeil, à prendre fur les revenans bons , tant des deniers Patrimoniaux
& d'Octrois des Villes & Communautez où ils feront établis, que des fonds
qui s'impofent en aucunes de nos Provinces pour les gages defdits Officiers

defdites Villes & Communautés, aprés les Charges ordinaires acquitées ; & au défaut defd. fonds, fur ceux qui feront par Nous ordonnez, dont fera fait emploi dans nos Etats, & le payement leur en fera fait par les Receveurs defdits Octrois & deniers Patrimoniaux defd. Villes & Communautés, ou par les Receveurs Generaux de nos Finances, ou autres qui en feront chargez par nos Etats, fur leurs fimples quittances, qui feront paffées & alloüées fans difficulté dans la dépenfe des Comptes des revenus par tout où befoin fera. Voulons que toutes Provifions foient expediées au profit des Acquereurs fur les quittances de Finances, qui leur feront délivrées par le Treforier de nos Revenus Cafuels en exercice, & des deux fols pour livre qui leur feront délivrez par celuy qui fera par Nous prépofé pour l'execution du prefent Edit. Ordonnons aux Officiers de nos Cours de Parlement de proceder inceffamment à la reception defdits Lieutenans Generaux de Police en la maniere accoûtumée, auffi-tôt qu'il leur apparoîtra de nos Lettres de Provifion. SI DONNONS EN MANDEMENT à nos amez & feaux Confeillers les Gens tenans nôtre Cour de Parlement, Chambre de nos Comptes & Cour des Aydes à Paris, que ces Prefentes ils ayent à faire lire, publier & regiftrer, même en temps de Vacations, & le contenu en icelles executer felon leur forme & teneur, ceffant & faifant ceffer tous troubles & empêchemens qui pourroient être mis ou donnez, nonobftant tous Edits & Declarations, & autres chofes à ce contraires, aufquels Nous avons dérogé & dérogeons, même à nôtre Edit du mois d'Aouft 1692. portant Création des Maires, en ce qui fe trouvera contraire à ces Prefentes, aux copies defquelles collationnées par l'un de nos amez & feaux Confeillers & Secretaires, voulons que foy foit ajoûtée comme à l'Original ; CAR TEL EST NOTRE PLAISIR : Et afin que ce foit chofe ferme & ftable à toûjours, Nous y avons fait mettre notre Scel. DONNE' à Fontainebleau au mois d'Octobre l'an de grace 1699. & de notre Regne le 57. Signé, LOUIS, Et plus bas, par le Roy, PHELIPEAUX. *Vifa*, PHELIPEAUX Et encore plus bas, Vû au Confeil, CHAMILLARD, & fcellé du grand Sceau de cire verte.

Regiftré, oüy, & ce requerant le Procureur General du Roy, pour être executé felon fa forme & teneur, & copies collationnées envoyées aux Sieges, Bailliages & Sénéchauffées du Reffort, pour y être lûes, publiées & regiftrées ; enjoint aux Subftituts du Procureur General du Roy d'y tenir la main, & d'en certifier la Cour dans un mois, fuivant l'Arreft de ce jour. A Paris en Parlement en Vaccations, le 16. Octobre 1699. Signé, DU JARDIN.

EDIT DU ROY PORTANT CREATION
de Procureurs du Roy, Greffiers, Commiffaires
& Huiffiers de Police.

Edit de création de Procureurs du Roy de Police, Novembre 1699.

LOUIS par la grace de Dieu, Roy de France & de Navarre: A tous prefens & à venir, SALUT. Nous avons par notre Edit du mois d'Octobre dernier créé & érigé en titre d'Offices hereditaires des Lieutenans Generaux de Police dans toutes les Villes & Lieux de notre Royaume où il y a Parlement, Cour des Aydes, Chambre de nos Comptes, Sieges Préfidiaux, Bailliages, Sénéchauffées, & autres Jurifdictions Royales, pour y avoir à l'avenir, à l'exclufion de tous autres Officiers, l'entiere adminiftration de la Police, & en faire toutes les fonctions, ainfi que fait le Lieutenant General de Police de notre bonne Ville de Paris, & Nous avons tout lieu d'attendre du foin & de l'application de ceux que nous pourverrons de ces Charges également importantes pour le bien de notre fervice & le repos de nos Sujets, le rétabliffemeut du bon ordre, & le retranchement des abus qui fe font gliffez jufqu'à prefent dans le gouvernement de la Police; mais Nous fommes informez que pour mettre ces Officiers en état de remplir toutes leurs fonctions à la fatisfaction du public & la nôtre, il eft indifpenfable d'établir des Officiers qui puiffent requerir devant eux tout ce qui concernera l'utilité publique ou la nôtre particuliere, des Greffiers qui reçoivent leurs Ordonnances & en délivrent des expeditions, & des Huiffiers qui les fignifient & les mettent à execution avec toute la celerité requife, même dans les Villes principales de notre Royaume, des Commiffaires qui veillent fous leurs ordres à tout ce qui regarde la Police, ainfi que font ceux de notre Châtelet de Paris fous les ordres du Lieutenant General de Police de notredite Ville. A CES CAUSES, & autres à ce Nous mouvans; & de notre certaine fcience, pleine puiffance & autorité Royale, Nous avons par notre prefent Edit perpetuel & irrévocable, créé & érigé en titre d'Offices formez hereditaires en chacune des Villes & Lieux de notre Royaume où l'Etabliffement de ceux de Lieutenans Generaux de Police fera fait en confequence dudit Edit du mois d'Octobre dernier des Offices de nos Procureurs pour affifter à toutes les Audiences qui feront tenuës fur le fait de la Police, prendre communication de toutes les affaires qui y feront portées, & y requerir tout ce qu'ils jugeront le plus convenable, foit au bien de notre fervice, ou à l'utilité publique, ainfi que font tous nos autres Procureurs en toutes nos Cours & Sieges de notre Royaume, même au cas d'abfence ou de legitime empêchement defdits Lieutenans Generaux de Police, rendre toutes les Ordonnances, & faire toutes les fonctions portées par notredit Edit, ainfi que feroient lefdits Lieutenans Generaux : Auront nofdits Procureurs rang & feeance en toutes Affemblées publiques aprés nos Procureurs des Bailliages, Sénéchauffées & autres Juftices Royales & Ordinaires, & joüi-

ront

ront ainſi que leſdits Lieutenans Generaux de Police des lieux où ils ſont
établis de l'exemption de Tutelles, Curatelles, nominations d'icelles, ſervice
du Ban & arriere-Ban, & autres charges publiques, & de pareil droit de
franc-Salé, dont jouiront leſdits Lieutenans Generaux de Police : Avons en
outre créé & érigé en titre d'Offices formez hereditaires dans tous les Lieux
ci-deſſus, des Greffiers pour recevoir les Ordonnances de Police qui ſeront
renduës par leſdits Lieutenans Generaux de Police ; & en leur abſence, par
noſdits Procureurs, & en délivrer les expeditions aux mêmes droits & émolumens dont jouiſſent les Greffiers des Bailliages & autres Juriſdictions Royales des Lieux où ils ſeront établis, & des Huiſſiers Audienciers pour donner
toutes aſſignations en fait de Police, ſoit à la Requête de nos Procureurs ou
des Parties civiles, ſignifier les Ordonnances & les mettre à execution, & ce
privativement & à l'excluſion des autres Huiſſiers & Sergens, avec faculté
d'exploiter en toutes autres affaires concurremment avec eux. Et par le même preſent Edit, Nous avons pareillement créé & érigé, créons & érigeons
en titre d'Offices formez & hereditaires, des Commiſſaires de Police pour
être établis dans les Villes principales de notre Royaume, où Nous en
jugerons l'Etabliſſement néceſſaire, au nombre qui ſera fixé par les Rolles
que Nous ferons arrêter en notre Conſeil, dont la fonction conſiſtera à faire
executer les Ordres & Mandemens des Lieutenans Generaux de Police, faire
le raport de tout ce qui concernera la Police, & generalement toutes les
autres fonctions que font en fait de Police les Commiſſaires de notre Châtelet de Paris ſous le Lieutenant General de Police de notredite Ville ; & jouiront pour cet effet des droits & émolumens qui ſeront fixez par le Tarif qui
en ſera arrêté en notre Conſeil, & d'un quart des Amendes qui Nous ſeront adjugées pour fait de Police, qu'ils recevront des mains des Receveurs
des Amendes, & dont ils feront bourſe commune entr'eux. Voulons que
tant leſdits Commiſſaires, que leſdits Greffiers & Huiſſiers, jouiſſent de
l'exemption de Logement de Gens de Guerre, Tutelle, Curatelle, & nomination d'icelle : Et pour mettre tous leſdits Officiers créez par le preſent Edit
en état de s'acquitter de leurs fonctions avec plus d'honneur & de deſinte-
reſſement, Nous leur avons attribué & attribuons Cent mille livres de gages
effectifs, qui ſeront diſtribuez entr'eux par les Rolles qui ſeront arrêtez en
notre Conſeil, & ſur les mêmes fonds ſur leſquels ſeront payez ceux de
noſdits Lieutenans generaux de Police : Declarons les Charges de Lieutenans
créées par le preſent Edit, compatibles avec tous Offices de Judicature & autres de quelque nature qu'ils ſoient ; Voulons qu'il ſoit inceſſamment pourvû
à tous leſdits Offices de perſonnes capables ſur les Quittances du Treſorier
de nos Revenus Caſuels, & celles de deux ſols pour livre, qui leur ſeront délivrées par celui qui ſera par Nous chargé de l'execution du preſent Edit, en
payant les droits de marc d'Or & de Sceau qui ſeront par Nous reglez.
SI DONNONS EN MANDEMENT à nos amez & feaux
Conſeillers les Gens tenans notre Cour de Parlement, Chambre de nos
Comptes & Cour des Aydes à Paris, que ces Preſentes ils ayent à faire lire,

B

publier & regiftrer, & le contenu en icelles executer felon leur forme & teneur, ceffant & faifant ceffer tous troubles & empêchemens qui pourroient être mis ou donnez, nonobftant tous Edits, Declarations, & autres chofes à ce contraires, aufquels Nous avons dérogé & dérogeons par ces Prefentes ; aux copies defquelles collationnées par l'un de nos amez & feaux Confeillers & Secretaires, voulons que foy foit ajoûtée comme à l'Original ; CAR TEL EST NOTRE PLAISIR : Et afin que ce foit chofe ferme & ftable à toûjours, Nous y avons fait mettre notre Scel. DONNE' à Verfailles au mois de Novembre l'an de grace 1699. & de notre Regne le 57. Signé , LOUIS. Et plus bas, par le Roy , PHELYPEAUX. Et fcellé du grand Sceau de cire verte.

Regiftré, oüy, & ce requerant le Procureur General du Roy, pour être executé felon fa forme & teneur, & copies collationnées envoyées dans les Sieges, Bailliages & Sénéchauffées du Reffort , pour y être lûës, publiées & regiftrées ; enjoint aux Subftituts du Procureur General du Roy d'y tenir la main, & d'en certifier la Cour dans un mois, fuivant l'Arreft de ce jour. A Paris en Parlement le 28. Novembre 1699. Signé, DU JARDIN.

EDIT DU ROY,

PORTANT Defunion de la Charge de Lieutenant de Police, de celle de Lieutenant Civil de la Ville , Prevôté & Vicomté de Paris.

Du mois de Mars 1667.

Edit de defunion de la Charge de Lieutenant de Police de celle de Lieutenant Civil. Mars 1667.

LOUIS par la grace de Dieu, Roy de France & de Navarre : A tous prefens & à venir, SALUT. Notre bonne Ville de Paris étant la Capitale de nos Etats, & le Lieu de notre féjour ordinaire, qui doit fervir d'exemple à toutes les autres Villes de notre Royaume, Nous avons eftimé que rien n'étoit plus digne de nos foins , que d'y bien regler la Juftice & Police, & Nous avons donné notre aplication à ces deux chofes ; elle a été fuivie de tant de fuccès, & plufieurs défauts de Police ont deja été fi heureufement corrigez, que chacun excité par les commoditez qu'il en reçoit, concourt & prête volontiers la main pour la perfection d'un fi grand ouvrage ; mais il eft neceffaire que la reformation que Nous y aportons foit foûtenue par des Magiftrats ; & comme les fonctinns de la Juftice & de la Police font fouvent incompatibles, & d'une trop grande étendue pour être bien exercées par un feul Officier dans Paris, Nous avons refolu de les partager, eftimant que l'adminiftration de la Juftice contentieufe & diftributive requiert une prefence actuelle en beaucoup de Lieux, & une affiduité continuelle, foit pour regler les affaires des Particuliers, foit par l'infpection qu'il faut avoir fur les perfonnes à qui elles font commifes, demandoit un

Magiftrat tout entier ; & que d'ailleurs la Police, qui confifte à affûrer le repos public & des particuliers, purger la Ville de ce qui peut caufer les defordres, à procurer l'abondance, & à faire vivre chacun felon fa condition & fon devoir, demandoit auffi un Magiftrat particulier, qui pût être prefent à tout. A ces causes & autres confiderations à ce Nous mouvant, de l'avis de notre Confeil & de notre certaine fcience, pleine puiffance & autorité Royale, Nous avons éteint & fuprimé, & par ces Prefentes fignées de notre main, éteignons & fuprimons l'Office de notre Lieutenant Civil de notre Prevôt de Paris, dont étoit pourvû le feu Sieur d'Aubry, fans que pour quelque caufe, pretexte & occafion que ce foit, ledit Office puiffe être ci-après rétabli ni créé de nouveau ; ce faifant, Nous avons créé & érigé, & établi par ces mêmes Prefentes, créons, érigeons, établiffons en titre d'Office formé, deux Offices de Lieutenant de notre Prevôt de Paris, dont l'un fera nommé & qualifié notre Confeiller-Lieutenant Civil du Prevôt de Paris ; & l'autre, notre Confeiller & Lieutenant dudit Prevôt de Paris pour la Police, pour être lefdites deux Charges remplies & exercées par deux differens Officiers, & fans que ci-après elles puiffent être jointes & réunies pour quelque caufe & fous quelque pretexte que ce foit : Er pour regler les fonctions defdites Charges, Voulons & Nous plaît, qu'au Lieutenant Civil apartienne la reception de tous les Officiers du Châtelet, enfemble la connoiffance de toutes actions perfonnelles, réelles & mixtes ; de tous Contrats, Teftamens, Promeffes, Matieres beneficiales Ecclefiaftiques, de l'apofition des Scellez, confections des Inventaires, Tutelles, Curatelles, Avis de parens, Emancipations, & toutes autres Matieres concernant la Juftice contentieufe & diftributive dans l'étendue de la Ville, Prevôté & Vicomté de Paris, pour en faire les fonctions en la même forme & maniere que les precedens Lieutenans Civils ont eu droit de la faire dans les mêmes Chambres & Sieges, & avec les mêmes Officiers, à l'exception toutefois des Matieres concernant la Police ; précedera ledit Lieutenant Civil celui de Police dans toutes les Affemblées generales & particulieres, fans dépendance neanmoins, autorité ni fubordination de l'un à l'autre, ains exerceront leurs fonctions féparément & diftinctement chacun en ce qui les concernera. Et quant au Lieutenant de Police, il connoîtra de la fûreté de la Ville, Prevôté & Vicomté de Paris ; du port d'armes prohibé par les Ordonnances, du nettoyement des Rues & Places publiques, circonftances & dépendances ; donnera les ordres neceffaires en cas d'incendie ou d'inondation ; connoîtra pareillement de toutes Provifions neceffaires pour la fubfiftance de la Ville, amas & magafins qui en pourront être faits, du taux & prix d'icelles, de l'envoi des Commiffaires & autres perfonnes neceffaires fur les Rivieres pour le fait des amas de Foin, Botelage, conduite & arrivée d'icelui à Paris, comme faifoit ci-devant le Lieutenant Civil à Paris exerçant la Police. Reglera les Etaux des Boucheries & adjudication d'iceux, aura la vifite des Halles, Foires & Marchez, des Hôtelleries, Auberges, Maifons garnies, Brelands, Tabacs, & Lieux malfamez ; aura la connoiffance des Affemblées illicites, tumultes, feditions &

defordres qui arriveront à l'occafion d'icelles, des Élections des Maitres des fix Corps des Marchands, des Brevets d'Apprentiffages, & reception des Maitres, de la reception des raports des Vifites, des Gardes & de l'execution de leurs Statuts & Reglemens, & des renvois de Jugemens ou avis de nôtre Procureur fur le fait des Arts & Métiers, & ce en la même forme & maniere que les Lieutenans Civils exerçant la Police en ont ci-devant bien & dûëment ufé. Pourra étalonner les poids & balances de toutes les Communautez de la Ville & Fauxbourgs d'icelle, à l'exclufion de tous autres Juges; connoîtra des contraventions qui feront commifes à l'execution des Statuts, Ordonnances & Reglemens faits pour le fait de l'Imprimerie par les Imprimeurs en l'impreffion des Livres & libelles défendus, & par les Colporteurs en la vente & diftribution d'iceux. Les Chirurgiens feront tenus de lui donner les declarations de leurs bleffez & qualité d'iceux, pourra connoître de tous délinquans & trouvez en flagrant délit en fait de Police, leur faire & parfaire leur procès fommairement, & les juger feul, finon ès cas où il s'agit de peines afflictives; & audit cas en fera fon raport au Préfidial en la maniere accoûtumée; & generalement apartiendra audit Lieutenant de Police l'execution de toutes fes Ordonnances, Arrefts & Reglemens concernans le fait d'icelles, circonftances & dépendances, pour en faire les fonctions en la même forme & maniere qu'ont fait ou eû droit de faire les ci-devant pourvûs de la Charge de Lieutenant Civil & exerçant la Police, le tout fans innover ni préjudicier aux Droits & Jurifdictions que pourroient avoir, ou poffeffion en laquelle pourroient être les Lieutenant Criminel & nôtre Procureur audit Châtelet, même les Prevôt des Marchands & Echevins de ladite Ville, de connoître les matieres ci-deffus mentionnées, ce qu'ils continueront de faire bien & dûëment, comme ils auroient pû faire auparavant. Seront tenus les Commiffaires du Châtelet, Huiffiers & Surgens, d'executer les Ordres & Mandemens defdits Lieutenans Civil & de Police, même le Chevalier du Guet, Lieutenant Criminel de Robe-courte & Prevôt de l'Ifle; comme auffi les Bourgeois de prêter main-forte à l'execution des Ordres & Mandemens toutefois & quantes qu'ils en feront requis: aura ledit Lieutenant de Police fon Siége ordinaire & particulier dans le Châtelet en la Chambre prefentement apellée la Chambre Civile, & entendra en icelle les raports des Commiffaires, & y jugera fommairement toutes les affaires de Police les jours de chacune femaine, ou tels jours qu'il jugera néceffaires: & aura en outre la difpofition d'une autre petite Chambre à côté jufqu'à ce qu'il ait été par Nous pourvû fur le fait defdites Chambres. Jouiront lefdits Lieutenans Civil & de Police, chacun à leur égard, des mêmes droits, avantages, honneurs & prérogatives qui ont apartenu, & dont ont bien & dûëment joui, ou dû jouir les ci-devant Lieutenans Civils en l'une & l'autre defdites fonctions; & fera procedé à leur reception au Parlement & inftallation en leur Siége en la maniere accoûtumée, Nous refervant au furplus la libre & entiere difpofition defdites Charges, pour en difpofer toutefois & quantes que bon Nous femblera, en rembourfant à ceux qui feront pourvûs d'icelles les fommes convenuës, pour raifon de ce, fuivant leurs confentemens ci-

attachez fous le contre-Scel de notre Chancellerie. SI DONNONS
EN MANDEMENT à nos amez & feaux Confeillers les Gens tenans
notre Cour de Parlement à Paris, que ces Prefentes ils ayent à faire regiftrer,
& icelles executer felon leur forme & teneur, ceffant & faifant ceffer tous
troubles & empêchemens qui pourroient être donnez, nonobftant tous
Edits, Declarations, & autres chofes à ce contraires, aufquels Nous avons
dérogé & dérogeons par ces Prefentes. CAR TEL EST NOTRE PLAISIR.
Et afin que ce foit chofe ferme & ftable à toûjours, Nous avons fait mettre
notre Scel à cefdites Prefentes. DONNE' à Saint Germain en Laye au mois
de Mars l'an de grace 1667. & de notre Regne le 24. Signé, LOUIS.
Et plus bas par le Roy, GUENEGAULT, & fcellé fur lacs de foye du grand
Sceau de cire verte.

*Regiftré, oui, & ce requerant le Procureur General du Roi, pour être exe-
cuté felon leur forme & teneur, aux charges portées par l'Arreft de ce jour.
A Paris en Parlement le 15. Mars 1667. Signé DU TILLET.*

EXTRAIT DES REGISTRES DU
Confeil d'Etat.

SUR la Requête prefentée au Roi en fon Confeil par le Sieur de Lafons
Prevôt de la Ville d'Orleans, contenant que l'une des principales fonctions
de fa Charge confifte en l'exercice de la Police, qu'il a toûjours exercé
avec la fatisfaction du Public ; que cependant ayant plû à Sa Majefté de
créer par Edit du mois d'Octobre dernier des Offices de Lieutenans Generaux de Police dans toutes les Villes de fon Royaume, il fe trouve dépouillé
de la meilleure partie des fonctions & émolumens de fa Charge, ce qui
l'a obligé d'avoir recours à Sa Majefté, pour qu'il lui plût d'accepter fes offres
de Trente mille livres, & les deux fols pour livre, à condition que ledit Office de Lieutenant General de Police demeurera réuni & incorporé à fondit
Office de Prevôt d'Orleans, pour par lui en jouir, avec mille livres de gages
effectifs, d'un minot de Franc-falé ; enfemble des autres Droits & Privileges
y mentionnez, fans qu'il foit obligé de prendre de nouvelles Provifions
dudit Office, prêter nouveau Serment, & ordonner qu'il ne fera tenu à
caufe de ladite union de payer plus grand annuel ni prêt à Monfieur le Duc
d'Orleans, que ceux qu'il avoit accoûtumé de payer, avec faculté de défunir ledit Office, à la charge par celui qui en fera pourvû féparément, de
payer à Monfieur le Duc d'Orleans, en conféquence de la Declaration du 29.
Décembre dernier, qui a déclaré cafuels les Offices de Lieutenant & de Procureurs de Sa Majefté dans fon Apanage, telles fommes qu'il plaira à Sa
Majefté fixer pour le Droit annuel & prêt dudit Office. VEU ladite Requête, Oui le raport du Sieur de Chamillart Confeiller ordinaire au Confeil Royal, Controlleur General des Finances, LE ROY EN SON

Arreft du Confeil
d'Etat, portant
union de la Char-
ge de Lieutenant
General de Police
à celle de Prevôt,
& permiffion de les
défunir.

5 Janvier 1700.

CONSEIL ayant égard à ladite Requête, a accepté & accepte lesdites offres; en conséquence, ordonne qu'en payant par ledit Sieur de Lafons ladite somme de Trente mille livres, & les deux fols pour livre, fçavoir le principal fur la quittance du Treforier des Revenus Cafuels, & les deux fols pour livre fur celle de Charles de la Cour de Beauval, chargé du recouvrement des deniers provenans de l'execution dudit Edit; ledit Office de Lieutenant General de Police créé par ledit Edit pour la Ville d'Orleans, fera & demeurera uni & incorporé audit Office de Prevôt de ladite Ville, dont il eſt pourvû, pour par lui en jouir, avec mille livres de gages effectifs, fur le fonds qui fera ci-après ordonné par Sa Majeſté, d'un demi minot de franc-Salé; enfemble des autres Droits & Privileges y attribuez, pour en faire les fonctions conformément audit Edit, en vertu du prefent Arreſt, fans qu'à caufe de ladite Union ledit Sieur de Lafons foit tenu de prendre de nouvelles Proviſions dudit Office, prêter nouveau Serment, ni de payer à l'avenir plus grands Droits, Annuel ni Prêt à Monfieur le Duc d'Orleans, que ceux qu'il avoit accoûtumé de payer; & en cas de mutation, plus grands droits de refignation, de marc d'or & de fceau. Permet neanmoins Sa Majeſté audit Sieur de Lafons de defunir ledit Office quand bon lui femblera, à la charge par les Acquereurs de payer à Monfieur Duc d'Orleans, en conféquence de ladite Declaration du 29. Decembre dernier, la fomme de foixante-quinze livres par chacun an, à laquelle fomme avons fixé le Droit dudit Office, & le Prêt à proportion, faute de quoi ledit Office demeurera vacant au profit de Monfieur Duc d'Orleans, en vertu de ladite Declaration. FAIT AU CONSEIL D'ESTAT DU ROY, tenu à Verfailles le 5. de Janvier 1700. Signé, COUJON. Et fcellé.

** Arrêt du conseil du 16 février 1700 qui reunit le greffe de la police d'orleans au greffe de la prevoté de la même ville en paiant par le ſr charron proprietaire dudit greffe 12 mil livres de finance et les deux sols pour livre.

EXTRAIT DES REGISTRES DU
Conseil d'Etat.

Arreſt du Confeil d'Etat, portant union de la Charge de Procureur du Roi de Police à celles d'Avocats & Procureurs du Bailliage, Prefidial & Prevôté d'Orleans. 26 Janvier 1700.

SUR la Requête prefentée au Roi en fon Confeil par les Sieurs le Grand, de Saint-Mefmin, Létoré & Turtin, Avocats & Procureurs pour Sa Majeſté au Bailliage & Prevôté & Confervatoire d'Orleans, contenant qu'une des principales fonctions de leurs Charges confiſte en l'exercice de la Police generale & particuliere de ladite Ville, qu'ils ont toûjours exercée avec la fatisfaction du Public; & que cependant ayant plû à Sa Majeſté de créer par l'Edit du mois de Novembre dernier des Offices de Procureurs du Roy de Police dans toutes les Villes de fon Royaume, ils fe trouvent dépouillez de la meilleure partie des fonctions & émolumens de leurs Charges, ce qui les oblige d'avoir recours à Sa Majeſté pour qu'il lui plaife accepter leurs offres de Seize mille livres, & les deux fols pour livre, fuivant la repartition qu'ils en ont fait entr'eux, à condition que ledit Office de Procureur du Roy de la Police de ladite Ville d'Orleans, demeurera uni & incorporé à leurs Offices d'Avocats & Procureurs du Roy de Police, pour par eux en jouir & en faire

les fonctions , suivant le Concordat passé entr'eux le treize du present mois ;
& en cas d'absence , recusation ou autre empêchement du Lieutenant General de Police , en faire les fonctions alternativement , à commencer par l'ancien , & finir au second Avocat du Roy , avec cinq cens trente-trois livres
six sols huit deniers effectifs , un demi minot de Franc-salé ; ensemble des
autres Droits mentionnez en l'Edit de création dudit Office , sans qu'ils soient
obligez de prendre de nouvelles Provisions dudit Office , ni prêter nouveau
Serment ; & ordonner qu'ils ne seront tenus à cause de ladite Union , de payer
plus grand Droit Annuel ni Prêt à Monsieur Duc d'Orleans , que ceux qu'ils
ont accoûtumé de payer. VEU ladite Requête , Oui le raport du Sieur de
Chamillart Conseiller ordinaire au Conseil Royal , Controlleur General des
Finances ; LE ROY EN SON CONSEIL , ayant égard à ladite Requête ,
a accepté & accepte lesdites offres ; & en conséquence a ordonné & ordonne
qu'en payant par lesdits Sieurs le Grand , de Saint-Mesmin , Létoré &
Turtin , ladite somme de seize mille livres , & les deux sols pour livre ; sçavoir , le principal sur la quittance du Tresorier des Revenus Casuels , & les
deux sols pour livre sur celle de Maitre Charles de la Cour de Beauval , chargé
du recouvrement des deniers provenans de l'execution dudit Edit , suivant
la repartition qu'ils en ont fait entr'eux : ledit Office de Procureur du Roy
de Police créé par ledit Edit pour la Ville d'Orleans , sera & demeurera uni
& incorporé ausdits Offices d'Avocats & Procureurs de Sa Majesté dont ils
sont pourvûs , pour par eux en jouir , suivant le Concordat passé entr'eux le
treize du present mois de Janvier ; & être les fonctions du Lieutenant General
de Police de ladite Ville en son absence , recusation , ou autres empêchemens ,
par eux faits alternativement , à commencer per l'ancien , & finir au second
Avocat de Sa Majesté , avec 533. liv. 6. s. 8. d. de gages effectifs , sur le fonds
qui sera ci-après ordonné par Sa Majesté , d'un demi minot de Franc-salé ;
ensemble des autres Droits , Privileges & Fonctions y attribuez , conformément
audit Edit , en vertu du present Arrest ; sans qu'à cause de ladite Union lesdits Sieurs le Grand , de Saint-Mesmin , Letoré & Turtin , soient tenus de prendre de nouvelles Provisions dudit Office , prêter nouveau Serment , ni de
payer à ceux qu'ils avoient accoûtumé de payer , ni en cas de mutation , plus
grands droits de resignation , de marc d'or & de Sceau. FAIT au Conseil
d'Estat du Roy tenu à Versailles le 26. Janvier 1700. Signé , GOUJON.
Et collationné.

EXTRAIT DES REGISTRES DU
Conseil d'Estat.

SUR la Requête presentée au Roy en son Conseil par les Sieurs Elie de
Lafons Lieutenant general de Police & Prevôt , Juge ordinaire , Civil &
Criminel de ladite Ville d'Orleans ; François Regnard , Jean Salomon Sieur de

Arrest du Conseil
d'Etat portant Ho-
mologation du
Traité fait entre les
Sieurs Lieutenant
General de Police ,
Maire , Echevins ,
Avocats & Procu-
reurs du Roi , &
Conseillers en la
Prevôté d'Orleans ,
pour les fonctions
de la Police.
. Mars 1700.

Farges, Jacques Alcaume, Paul Duval, Edme Prouſt de Chambourg, Claude Paris, & Etienne le Vaſſor, Maire, Echevins & Procureur du Roi de ladite Ville ; François le Grand, Daniel de Saint-Meſmin, Gaſton Jean-Baptiſte Létoré, & Jean-François Turtin, Avocats & Procureurs de Sa Majeſté aux Bailliage, Siége Préſidial, Prevôté & Police de ladite Ville ; Gabriel Charbonnier, Joſeph Lenormant, Pierre Prou, René Buffreau, & Robert le Grant, Conſeillers-Aſſeſſeurs en ladite Prevôté d'Orleans, contenant qu'en ladite Ville d'Orleans, le Prevôt Juge ordinaire & ſon Lieutenant, ont eu de tems immémorial l'exercice de la Police, reçû les Maitres des Métiers, fait piéter le Serment aux Jurez, connu des Brevets d'Aprentiſſages, & de toutes contraventions faites aux Statuts des Communautez des Arts & Métiers ; que les Maire & Echevins de ladite Ville s'étant pourvûs en l'année 1569. pardevers le Roi Charles IX. pour avoir la connoiſſance de la Police commiſe par l'Art. 72. de ſon Ordonnance faite à Moulins aux Eûs par les Bourgeois de chacun quartier, ils auroient obtenu Arreſt de ſon Conſeil qui leur attribuë la connoiſſance de ladite Police, pour être exercée en l'Hôtel commun de ladite Ville, conjointement avec le Prevôt & ſon Lieutenant. Que le Roi Henry III. ayant par ſon Edit de l'année 1578. créé des Offices de Conſeillers-Aſſeſſeurs dans tous les Siéges des Prevôts, de Châtelains, Viguiers, & autres Juges ordinaires Royaux de ſon Royaume, avec attribution particuliere de la connoiſſance, conjointement avec les Prevôts & leurs Lieutenans : leſdits Conſeillers-Aſſeſſeurs ont depuis ce tems connu de toutes les affaires concernant les Maitriſes, Jurandes, Brevets d'Aprentiſſage, & contraventions aux Status des Communautez des Arts & Métiers, conjointement avec leſdits Prevôts, leurs Lieutenans, Avocats & Procureurs de Sa Majeſté au Siége de ladite Prevôté, & leſdits Maire & Echevins conjointement avec leſdits Prevôt, ſon Lieutenant, Avocat & Procureurs de Sa Majeſté de la Police, pour le Pain, du nettoyement des Ruës & Places publiques, & contraventions aux Ordonnances & Reglemens pour le fait de Police, juſqu'aux mois d'Octobre & de Novembre dernier ; que Sa Majeſté ayant créé des Offices de Lieutenans Generaux & Procureurs du Roi de Police dans toutes les Villes de ſon Royaume, leſdits Prevôts, Lieutenans, Conſeillers, Avocats & Procureurs de Sa Majeſté, & leſdits Maire & Echevins de ladite Ville d'Orleans auroient été dépouillez de leurs fonctions, ce qui auroit obligé ledit Sieur de Lafons de ſe pourvoir pardevant Sa Majeſté, & obtenir Arreſt du Conſeil d'Etat le 5. Janvier dernier, portant Union dudit Office de Lieutenant General de la Police de ladite Ville à ſondit Office de Prevôt ; leſdits Srs. Le Grand, de Saint-Meſmin, Létoré & Turtin, d'obtenir pareil Arreſt du Conſeil le 26. dudit mois, portant Union de ladite Charge de Procureur du Roi de Police à leurſdits Offices d'Avocats & Procureurs de Sa Majeſté, & leſdits Maire & Echevins & Conſeillers de la Prevoté, de propoſer auſdits Sieurs de Lafons, le Grand, de Saint-Meſmin, Létoré & Turtin, ſous le bon plaiſir de Sa Majeſté, de les admettre conjointement avec eux à l'exercice de la Police dans la ville d'Orleans, dont il auroit été fait un Traité entr'eux le 15. Février dernier, par lequel les fonctions des uns & des autres auroient été reglées,

ce

ce qui oblige les *Supplians* d'avoir recours à *Sa Majesté* pour qu'il luy plaise ordonner que le Traité entr'eux arrêté & soufcrit , fera executé selon sa forme & teneur , ce faisant toutes Lettres patentes leur en seroient expediées en la maniere accoûtumée, sans que ledit Prévost en cas de desunion , & lesd. Lieutenant & Conseillers en la Prévosté , en cas de mutation, soient tenus de payer à l'avenir plus grands droits, annuel ny prêt, à Monsieur Duc d'Orleans , que ceux qu'ils ont accoûtumé de payer ny plus grands droits de Resignation, de marc d'Or & de Sceau. VEU ladite Requeste , l'Arrest du Conseil d'Etat du 13. Juillet 1569. l'Edit de Création des Lieutenans Generaux & Procureurs de Sa Majesté pour la Police des mois d'Octobre & Novembre dernier, les Arrests du Conseil d'Etat de Sa Majesté des 5. & 26. Janvier aussi dernier, le Traité fait entre les Supplians le 15. Février, & autres piéces y attachées. Ouy le Rapport du Sieur de Chamillart Conseiller ordinaire au Conseil Royal , Controlleur General des Finances. LE ROY EN SON CONSEIL, ayant égard à ladite Requeste, a Ordonné & Ordonne que le Traité passé entre les Supplians le 15. Février dernier , concernant les fonctions de la Police de ladite Ville d'Orleans, lequel demeurera attaché à la minute du présent Arrest , sera executé selon sa forme & teneur sans que pour raison de la part que les Prévost, Lieutenant & Conseillers en la Prévosté d'Orleans, auront à l'exercice de lad. Police , ils soient tenus en cas de mutation payer à l'avenir plus grands droits, annuel ny prêt, à Monsieur Duc d'Orleans, que ceux qu'ils ont accoûtumé de payer, ny plus grands droits de Resignation , de marc d'Or , & de Sceau , & seront toutes Lettres à ce necessaires expediées. FAIT AU CONSEIL D'ETAT DU ROY , tenu à Versailles le deuxiéme jour de Mars mil sept cens. Signé, GOUJON. & Collationné.

Ensuit la teneur dudit Traité.

NOUS soussignez Elie de la Fons Ecuyer, Conseiller du Roy, Lieutenant General de Police de la Ville d'Orleans , & Prévost Juge ordinaire Civil & Criminel de ladite Ville, François Regnard Sieur de Semonville, Jean Salomon Sieur de Farges, Conseiller du Roy, Elû en l'Election d'Orleans, Jacques Aleaume, Paul du Val Sieur de Villoiseau. Edme Proust de Chambourg Docteur regent en l'Université d'Orleans, Claude Paris Sieur de Mondonville , tant pour Nous que Me Estienne Levassor Procureur du Roy, Maire, Echevins de ladite Ville d'Orleans, François Legrand , Daniel de Saint Mesmin , Gaston Jean Baptiste Létoré & Jean François Turtin Avocats & Procureurs du Roy, aux Bailliage, Siege Présidial , Prévosté & Police d'Orleans , Joseph le Normant & Pierre Prou , Conseillers du Roy , Assesseurs Civils & Criminels en lad. Prévosté, tant pour Nous que pour les Sieurs Charbonnier, Buffreau & Legrant aussi Conseillers , Assesseurs en icelles , nos Confre-

Traité fait entre lesd ts Sieurs^{rs} Février 1700.

C

res, avons fait le Traité qui suit pour être executé entre Nous & nos succeſſeurs auſdits Offices. SçAVOIR, Que Moy De la Fons, conſens que toutes les affaires Civiles & Criminelles de Police contentieuſe, tant d'Audiance que par Ecrit, ſoient jugées conjointement avec moy & mes ſucceſſeurs audit Office de Lieutenant General de Police par les ſouſignez eſdits noms & leurs ſucceſſeurs auſdits offices dans l'Hôtel de Ville, & que toutes les Ordonnances de Police pour le prix du Pain & autres ſoient données à la pluralité des voix, intitulées de mon nom ſeul & qualité, comme le feront auſſi les Requêtes, même en mon abſence. Que le Lieutenant General de Police préſidera, & en ſon abſence le Maire, en l'abſence du Maire le Lieutenant du Prévoſt, & luy abſent le premier Echevin, & ainſi juſqu'au dernier Echevin & Procureur du Roy. Celuy qui préſidera fera toutes les fonctions du Lieutenant General en ſon abſence; neanmoins en cas de deſunion de la Charge de Prévoſt d'Orleans, celuy qui ſera pourvû ſeparement dudit Office de Prévoſt, aura ſeance, & voix deliberative à la Police au deſſus dudit Lieutenant du Prévoſt, part au rapport & à la diſtribution des procez, & préſidera au Siege de la Police en l'abſence du Lieutenant General & du Maire, & ledit Lieutenant y préſidera en l'abſence du Prévoſt. Les Maire & Echevins prendront les mêmes places qu'ils prenoient cy-devant & le Procureur du Roy de ladite Ville après le dernier Echevin, à l'exception que le Lieutenant du Prévoſt ſe mettra de l'autre côté à la teſte des Conſeillers en la Prévoſté, & ainſi le Maire ſe trouvera immediatement au deſſous du Lieutenant General de Police, les Gens du Roy prendront les places qu'ils ont eu cy-devant, le Lieutenant General demandera l'avis aux trois des Gens du Roy qui n'auront pas conclû, enſuitte audit Lieutenant du Prévoſt, aux Conſeillers de la Prévoſté, au Procureur du Roy de ladite Ville, aux Echevins, & finira par le Maire; Les Procez Civils & Criminels appointez à mettre, & en droit, feront diſtribuez par le Lieutenant General de Police, qui aura ſon préciput, & les Lieutenant & Conſeillers de la Prévoſté feront ſeuls Rapporteurs à l'excluſion des Gens du Roy, Maire & Echevins, leſquels n'auront point de part aux Epices qui feront partagées entre le Lieutenant General, le Lieutenant & Conſeillers en la Prévoſté, ſuivant l'uſage ordinaire obſervé audit Siege de la Prévoſté; au ſurplus le Lieutenant General de Police fera tous le actes de Juriſdiction non contentieuſe, & joüira de tous les émolumens, fonctions, droits, préſeances & prérogatives qui luy ſont attribuées, leſquels émolumens, même en cas d'abſence, maladie, & recuſation, luy feront conſervez; les avis & enregiſtremens des Statuts des Communautez qui s'établiront à l'avenir, même l'Homologation des Actes deſdites Communautez feront ordonnez au rapport du Lieutenant General ſeul, qui en ſera toûjours Rapporteur, & luy appartiendront les vaccations qu'il conviendra prendre, les Sentences & Ordonnances de Police feront ſignées, ſçavoir, Par le Lieutenant General de Police à la premiere place, les Maire &

Echevins au deſſous de luy, par le Lieutenant du Prévoſt de l'autre côté de la page & vis à vis le Lieutenant General de Police , & les Conſeillers au deſſous, & les Gens du Roy au milieu, entre le Lieutenant General de Police & le Lieutenant du Prévoſt, audeſſous l'un de l'autre ; leſquelles Sentences finiront par ces mots. DONNE' par Nous , &c. aſſiſté de, &c. Il ſera tenu le Mercredy une Audience pour toutes les affaires contentieuſes ; Le Samedy on arrêtera la taxe du Pain, ou Statura ſur les rapports des Commiſſaires, & l'on fera les Reglemens generaux & particuliers, les Procez qui pourront être intentez pour raiſon de la Juriſdiction de la Police, ſeront ſoutenus en commun, & les frais portez moitié par les Maire & Echevins , & l'autre moitié également par tous les autres Officiers , ſauf le Greffier qui contribura ſur le pied du Tarif arrêté pour la Juriſdiction de la Prévoſté , les frais & dépenſes qu'il conviendra faire pour la Police ſeront faits par les Maire & Echevins ainſi qu'il s'eſt de tout tems pratiqué ; l'Arreſt du Conſeil qui Homologuera les Preſentes, les Lettres patentes ſur iceluy, l'enregiſtrement d'icelles, & tout ce qu'il conviendra faire pour l'execution des Preſentes ſera obtenu aux frais & dépens des Maire & Echevins qui les porteront ſeuls, & en conſideration de ce que ledit Sieur de la Fons partage avec Nous Maire & Echevins l'autorité & les fonctions de ſondit Office de Lieutenant General de Police, comme auſſi de ce que leſdits Sieurs Legrand, de Saint Meſmin, Létoré & Turtin, ſe deſiſtent à nôtre profit de la devolution qui leur appartient en l'abſence du Lieutenant General de Police, en conſequence de la réunion qui a été faite par Arreſt du Conſeil de l'Office de Procureur du Roy de Police , nouvellement créé à leurſdits Offices d'Avocats & Procureurs du Roy. Nous Maire & Echevins avons par ces preſentes cédé, quitté, & delaiſſé ſans garantie, ſinon d. nos faits, le preſent Traité ſortiſſant effet auſdits Sieurs de la Fons , Legrand , de Saint Meſmin , Létoré & Turtin, les gages à Nous dûs eſdits noms, & que Nous avons à prendre ſur la Recette generale des finances de la Generalité d'Orleans, montant à quinze cent ſoixante quinze livres attribuez aux Charges d'Auditeurs des Comptes des Arts & Métiers de ladite Ville, appartenant à ladite Ville ſuivant l'Arreſt du Conſeil du 21. Aouſt 1694. en conſequence de la Finance de ſoixante trois mil livres par elle payée en conſequence dudit Arreſt ſuivant la quittance du Sieur Bertin Tréſorier des Revenus Caſuels du premier Octobre 1698. deſquels gages les deux tiers appartiendront audit Sieur de la Fons , & l'autre tiers auſdits Sieurs Legrand, de Saint Meſmin, Létoré & Turtin , chacun pour un quart, auſquels Nous promettons d'en rendre les Titres avant nôtre inſtallation ; & outre promettons payer audit Sieur de la Fons dans le même tems la ſomme de quatre mil livres. Comme auſſi en conſideration de ce que ledit Sieur de la Fons partage pareillement avec tous les Conſeillers de la Prévoſté, l'autorité & fonctions de ladite Charge de Lieutenant General de Police, & de ce que moy De la Fons conſens

C ij

que lefdits cinq Confeillers jouiffent de deux cinquiémes au total de la fomme de mil livres de gages attribuez audit Office de Lieutenant General de Police, & qu'ils leur foient payez par le Receveur fous leurs quittances. Nous, Lenormant & Prou efdits noms, promettons payer à la décharge dudit Sieur de la Fons, le prefent Traité fortiffant effet & non autrement, la fomme de dix mil livres aux Creanciers ayans hypoteque & privilege fur ledit Office de Lieutenant General de Police, qu'il Nous indiquera, lequel payement Nous ferons tenus faire dans deux mois du jour de l'enregiftrement defdites Lettres Patentes, inftallation defdits Confeillers de la Prévofté audit Siege de la Police; & pour obtenir au Confeil Arreft d'Homologation du prefent Traité, faire expedier & enregiftrer où befoin fera lefdites Lettres Patentes fur ce neceffaires, Nous Maire & Echevins fufdits, Avocats & Procureur du Roy & Confeillers en la Prévofté efdits noms, avons fait & conftitué nôtre Procureur General & fpecial ledit Sieur de la Fons porteur des Prefentes, auquel de ce faire donnons tout pouvoir. FAIT ET ARRESTE' par Nous foûfignez à Orleans le quinziéme jour de Février mil fept cens. Signé, De la Fons, Regnard, Legrand, Lenormant, Salomon de Farges, de Saint Mefmin, Létoré, Prou, Charbonnier, Turtin, Legrant, Aleaume, Duval, Prouft de Chambourg & Paris. Signé, GOUJON, & Collationné.

<table>
<tr><td>

Lettres Patentes obtenues fur l'Arreft du Confeil d'Etat pour les fonctions de la Police à Orleans. Mars 1700.

</td><td>

LOUIS par la grace de Dieu Roy de France & de Navarre, A tous prefens & à venir, SALUT. Nos Amez Elie de la Fons nôtre Confeiller Lieutenant General de Police, Prévoft, Juge ordinaire Civil & Criminel de la Ville d'Orleans, François Regnard, Jean Salomon fieur de Farges, Jacques Aleaume, Paul Duval, Edme Prouft de Chambourg, Claude Paris & Eftienne Levaffor, Maire & Echevins & Procureur du Roy de ladite Ville, François Legrand, Daniel de Saint Mefmin, Gafton Jean Baptifte Létoré & Jean François Turtin nos Avocats & Procureurs aux Baillage, Préfidial, Prévofté & Police de ladite Ville, Gabriel Charbonnier, Jofeph Lenormant, Pierre Prou, René Buffreau & Robert Legrant Confeillers Affeffeurs en ladite Prévofté d'Orleans. Nous ayans reprefenté qu'en la Ville d'Orleans le Prévoft Juge ordinaire & fon Lieutenant ont eu de tems immemorial l'exercice de la Police, reçû les Maîtres des Métiers, fait prêter le ferment aux Jurez, connu des Brevets d'apprentiffages & de toutes contraventions faites aux Statuts des Communautez des Arts & Métiers, que les Maire & Echevins de ladite Ville s'étans pourvûs en l'année 1569. pardevers le Roy Charles IX. pour avoir la connoiffance de la Police commife par l'Art. 72. de l'Ordonnance de Moulins aux Elûs par les Bourgeois de chaque quartier, ils auroient obtenu Arreft de fon Confeil qui leur attribuë la connoiffance de ladite Police pour être exercée en l'Hôtel Commun de ladite Ville conjointement avec le Prévoft & fon Lieutenant. Que le Roy Henry III.

</td></tr>
</table>

ayant par son Edit de l'année 1578. créé des Offices de Conseillers Asseseurs dans tous les Sieges des Prévosts, Châtelains, Viguiers & autres Juges ordinaires du Royaume, avec attribution particuliere de la connoissance de la Police conjointement avec les Prévosts & leurs Lieutenans lesdits Conseillers Assesseurs ont depuis ce tems connû de toutes les affaires concernans les Maîtrises, Jurandes, Brevets d'Apprentissages & contraventions aux Statuts des Communautez des Arts & Métiers, conjointement avec lesdits Prévosts, leurs Lieutenans, nos Avocats & Procureurs au Siege de ladite Prévosté & lesdits Maire & Echevins conjointement avec lesdits Prévost, son Lieutenant, nos Avocats & Procureur de la Police pour le Pain, du nettoyement des ruës & places publiques, & contraventions aux Reglemens & Ordonnances pour le fait de la Police, jusques aux mois d'Octobre & Novembre derniers que nous avons créé les Offices de Lieutenans Generaux & nos Procureurs de Police dans toutes les Villes de nôtre Royaume; lesdits Prévost, Lieutenant, Conseillers & nos Avocats & Procureur, lesdits Maire & Echevins de ladite Ville d'Orleans, auroient été dépouillez de leurs fonctions, ce qui auroit engagé ledit Sieur de la Fons de se pourvoir pardevers Nous & d'obtenir en nôtre Conseil d'Etat le cinquiéme de Janvier dernier, Arrest portant Union dudit Office de Lieutenant General de Police de ladite Ville à sondit Office de Prévost, les Sieurs Legrand, de Saint Mesmin, Letoré & Turtin, d'obtenir pareil Arrest de nôtre Conseil le 26. dudit mois, portant Union de ladite Charge de nôtre Procureur de Police à leursdits Offices, de nos Avocats & Procureurs, & lesdits Maire & Echevins & Conseillers de la Prévosté, de proposer ausdits Sieurs de la Fons, Legrand, de Saint Mesmin, Létoré & Turtin, sous nôtre bon plaisir, de les admettre conjointement avec eux à l'exercice de la Police dans la Ville d'Orleans, dont il auroit été fait un Traité entr'eux le 15. Février dernier, par lequel les fonctions des uns & des autres auroient été reglées; ce qui a obligé les Supplians d'avoir recours à Nous, à ce qu'il Nous plût ordonner que le Traité entr'eux arrêté & souscrit seroit executé selon sa forme & teneur, & que toutes Lettres Patentes leur en seroient expediées en la maniere accoûtumée, sans que lesdit Prévost en cas de désunion & lesdits Lieutenant & Conseillers en la Prévosté en cas de mutation, soient tenus de payer à l'avenir plus grands droits, annuel ny prêt, à Nôtre tres-cher & amé Frere le Duc d'Orleans, que ceux qu'ils ont accoûtumé de payer, ny plus grands droits de resignation, de Marc d'Or & de Sceau, Sur quoy Nous avons rendu Arrest en nôtre Conseil le deuxiéme du present mois de Mars, par lequel ayant égard à la Requête desdits Supplians nous aurions ordonné que le Traité passé entre les Supplians le 15. Février dernier concernant les fonctions de la Police de ladite Ville d'Orleans, lequel demeureroit attaché à la minute dudit Arrest, seroit executé selon sa forme & teneur, sans que pour raison de la part que les Prévost, Lieutenant & Conseillers en la Prévosté d'Orleans auront à l'exercice de ladite Police, ils soient tenus en cas de mutation payer à l'avenir plus grands droits, annuel ny prêt, à Nôtre tres-cher Frere le Duc d'Orleans, que ceux qu'ils ont accoûtumé de payer, ny de plus grands droits de Refignation, de Marc d'Or & de Sceau. Et que toutes Lettres à ce neceffaires feroient expediées, lefquelles, ils Nous ont tres-humblement fait fupplier de leur accorder. A CES CAUSES, voulant favorablement traiter les Supplians, de nôtre grace fpeciale, pleine puiffance & autorité, Nous avons ordonné & ordonnons que le Traité paffé entre lefdits Supplians le 15. Février dernier, concernant les fonctions de la Police d'Orleans, lequel demeurera annexé à la minute dudit Arreft, & dont l'expedition étant enfuite dudit Arreft eft cy attaché fous le Contre-Scel de nôtre Chancellerie, fera executé felon fa forme & teneur, fans que pour raifon de la part que le Prévôt, Lieutenant, & Confeillers en la Prévofté d'Orleans, auront à l'exercice de ladite Police, ils foient tenus en cas de mutation payer à l'avenir plus grands droits annuel, ny prêt, à nôtredit frere le Duc d'Orleans, que ceux qu'ils ont accoûtumé de payer, ny plus grands droits de Refignation, de marc d'Or, & de Sceau. SI DONNONS EN MANDEMENT à nos Amez & Feaux Confeillers, les Gens tenans nôtre Cour de Parlement à Paris, & Confeillers, Préfidens, Treforiers de France au Bureau de nos finances à Orleans, que ces prefentes nos Lettres ils faffent enregiftrer, & du contenu en icelles faire jouir lefdits Supplians, ceffant & faifant ceffer tous troubles & empefchemens contraires, CAR TEL EST NÔTRE PLAISIR : & afin que ce foit chofe ferme & ftable, Nous avons fait mettre nôtre Scel à ces Prefentes. DONNE' à Verfailles au mois de Mars l'An de grace mil fept cent, & de nôtre Regne le cinquante feptiéme. Signé, LOUIS. Et fur le reply, par le Roy PHELYPEAUX. *Vifa* PHELYPEAUX.

Regiftrées, Ouy le Procureur General du Roy, pour jouir par les Impetrans de leur effet & contenu, & être executées felon leur forme & teneur, fuivant l'Arreft de ce jour. A Paris en Parlement le premier Avril 1700. Signé, DU TILLET.

<table>
<tr><td>Arreft d'Enregiftrement au Parlement de Paris, des Patentes obtenuës pour les fonctions de la Police à Orleans. 1 Avril 1700.</td><td>LOUIS par la grace de Dieu Roy de France & de Navarre. Au premier nôtre Huiffier ou autre Sergent fur ce requis, SALUT. Sçavoir faifons, que veu par la Cour les Lettres patentes du Roy données à Verfailles au mois de Mars dernier, fignées LOUIS, & fur le reply, par le Roy, PHELYPEAUX & fcellées du grand Sceau de cire verte, obtenuës par Maiftres Elie de la Fons Lieutenant General de Police & Prévôt, Juge ordinaire Civil & Criminel de la Ville d'Orleans, François Regnard, Jean Salomon fieur de Farges, Jacques Aleaume, Paul Duval, Edme Prouft de Chambourg, Claude Paris, & Eftienne Levaffor, Maire & Echevins, & le fubftitut du Procureur General du Roy de la Ville, Fran-</td></tr>
</table>

çois Legrand , Daniel de S. Mefmin , Gaſton Jean Baptiſte Létoré, & Jean François Turtin, ſubſtituts dudit Procureur General au Bailliage Siege Préſidial , Prévoſté & Police de ladite Ville, Gabriël Charbonnier, Joſeph Lenormant, Pierre Prou, René Buffreau & Robert Legrant, Conſeillers Aſſeſſeurs en ladite Prévoſté d'Orleans , par leſquelles pour les cauſes y contenuës, ledit Seigneur Roy auroit ordonné, que le Traité paſſé par les Impetrans le quinze de Février dernier, concernant les fonctions de la Police de ladite Ville d'Orleans , feroit executé felon ſa forme & teneur, ſans que pour raiſon de la part que les Prévôt, Lieutenant & Conſeillers en la Prévoſté d'Orleans, auront à l'exercice de ladite Police, ils ſoient tenus en cas de mutation, payer à l'avenir plus grands droits, annuel, ny prêt, à Monſieur Duc d'Orleans , que ceux qu'ils ont accoûtumé de payer , ny plus grands droits de Reſignation , de marc d'Or & de Sceau , leſdites Lettres à la Cour addreſſantes. Veu auſſi l'Arreſt du Conſeil ſur lequel elles ont été expediées du deux Mars mil ſept cens, enſemble ledit Traité dudit jour quinze Février dernier, tranſcrit enſuite dudit Arreſt, & la Requête preſentée à la Cour par les Impetrans , afin d'Enregiſtrement deſdites Lettres, Concluſions de nôtre Procureur General: Ouy le Rapport de Me François Robert Conſeiller. Tout CONSIDERE' NÔTREDITE COUR Ordonne que leſdites Lettres Patentes feront enregiſtrées au Greffe d'icelle, pour jouir par les Impetrans de leur effet & contenu , & être executées ſelon leur forme & teneur. SI MANDONS mettre le preſent Arreſt à execution; de ce faire donnons pouvoir. DONNÉ' en Parlement le premier Avril l'An de Grace mil ſept cens & de Nôtre Regne le cinquante ſeptiéme. Signé, Par la Chambre ,DU TILLET & Collationné.

DONT & dequoy avons dreſſé le preſent Procez Verbal & donné Acte au Procureur du Roy de la lecture deſdits Edits , Arreſts du Conſeil , Lettres Patentes & Arreſt d'Enregiſtrement d'icelles, & ordonné , qu'ils demeureront Regiſtrez en nôtre Greffe , pour être executez ſelon leur forme & teneur, & y avoir recours quand beſoin ſera. Ainſi ſigné au Regiſtre

DE LA FONS.	LEGRAND.	CHARBONNIER.
REGNARD.	LE'TORE'.	LENORMANT.
SALOMON DE FARGE.	TURTIN.	PROU.
ALEAUME.		BUFFREAU.
DUVAL.		LEGRANT.
PROUST DECHAMBOURG.		
PARIS.		
LEVASSOR.		

AUJOURD'HUY Samedy vingt-quatriéme jour d'Avril audit An mil ſept cent, Maître Daniel de Saint Meſmin Procureur du Roy au Bailliage , Siege Préfidial & Police d'Orleans , a pris rang & feance entre les Sieurs Legrand & Létoré dans la place qui étoit demeurée vacante à caufe de fon indifpofition, fuivant nôtre Procez verbal du Mercredy fept des prefens mois & an , dont il nous à requis Acte, & à luy octroyé. Ainfi figné,

DE LA FONS.	LEGRAND.	CHARBONNIER.
SALOMON DE FARGE.	DE S. MESMIN.	LENORMANT
BIZOTON.	LE'TORE'.	PROU.
SEURAT.	TURTIN.	BUFFREAU.
PROUST DECHAMBOURG.		LEGRANT.
PARIS.		
LEVASSOR.		

AUjourd'huy feize Novembre 1701. trois heures de relevée, Nous Elie de la Fons Ecuyer, Confeiller du Roy , Lieutenant General de Police & Prévoft d'Orleans , étant avec les autres Officiers & Juges au Siege de Police, en l'Hôtel Commun de cette Ville , pour y tenir l'Audiance de la Police en la maniere ordinaire , font comparus Maîtres Charles Colas d'Anjouan Doyen des Confeillers du Bailliage & Siege Préfidial d'Orleans, & Gabriël Egrot auffi Confeiller efdits Sieges, lefquels Nous ont dit & remontré que fuivant & en execution de la Declaration du Roy du fix Aouft dernier, & Arreft du Confeil donné en confequence le vingt fept de Septembre, enfuivant à Nous fignifié à la Requête des Officiers du Bailliage & Siege Prefidial d'Orleans, au domicile de Me Millien nôtre Avocat au Confeil le cinq Octobre dernier, par Boivin Huiffier du Confeil, ils ont été nommez par Me Charles Fontaine de Manthelon Lieutenant Particulier dudit Bailliage & Siege Préfidial, à caufe de l'indifpofition de Me Gabriël Curault Lieutenant General defdits Sieges, pour fervir pendant le prefent mois de Novembre à la Chambre de Police , lefquels Declaration, Arreft & Acte de nomination ils Nous ont reprefenté & requis fuivant iceux , que nous euffions à les faire jouir de la feeance & voix deliberative qui leur font données immediatement aprés Nous. A l'inftant eft auffi comparu Me François Perdoux nôtre Lieutenant en la Prévofté , lequel a pris rang & feeance vis à vis de Nous dans la place qui n'avoit point été occupée à caufe de la vacance de ladite Charge de Lieutenant, & nous a requis acte des proteftations qu'il fait, que la place qui eft donnée par ledit Arreft du 27. Septembre dernier aux Confeillers du Bailliage & Siege Préfidial ne puiffe nuire ny préjudicier aux droits qu'il pretend avoir de les preceder, avons pareillement declaré aufdits Sieurs d'Anjouan & Egrot que deduction arrivant,

des

des Offices de Lieutenant General de Police & de Prévoſt, dont nous ſommes à preſent pourvûs la ſceance qui leur eſt accordée par ledit Arreſt ne pourra nuire ny prejudicier à la preſceance qui Nous appartiendroit & à nos ſucceſſeurs Prévoſt d'Orleans, ſur les Conſeillers du Bailliage & Siege Preſidial, leſdits Sieurs Danjouan & Egrot ont repliqué qu'ils demandent l'execution dudit Arreſt du 27. Septembre dernier, & fait proteſtations contraires à celles dudit Sieur Perdoux, & à la declaration par Nous faite, le Procureur du Roy à dit qu'il n'empêche qu'il ne ſoit par Nous donné Acte des proteſtations & declarations cy deſſus & requis qu'il Nous plût ordonner que les declarations du Roy des 28. Decembre 1700. & ſix Aouſt 1701. & Arreſt du Conſeil ſeront preſentement lûs, publiez l'Audiance tenant, & Regiſtrées és Regiſtres de ce Siege, enſemble la nomination faite des Perſonnes deſdits Sieurs Danjouan & Egrot, ce fait & aprés que leſdits Sieurs Danjouan & Egrot ſe ſont aſſis immediatement après Nou· & tous les autres Officiers & Juges audit Siege dans leur rang & places ordinaires.

Nous avons donné Acte deſdites, Declarations & proteſtations cy-deſſus & ordonné que les Declarations du Roy du 28. Decembre 1700. ſix Aouſt 1701. & ledit Arreſt du Conſeil du 27. Septembre dernier ſeront lûs, publiées & regiſtrées, enſemble l'Acte de nomination deſdits Sieurs Colas Danjouan & Egrot pour être executez ſelon leur forme & teneur, lecture faite deſdites Declarations & Arreſt par nôtre Greffier, en avons donné Acte au Procureur du Roy & fait appeller une cauſe, aprés la plaidoyrie de laquelle Nous étant levé pour prendre les opinions, à commencer par les Gens du Roy, leſdits Sieurs Danjouan & Egrot ſe ſont preſentez, & ont ſoutenus qu'ils devoient opiner les premiers, à quoy les Officiers qui ont ſceance du côté ou Nous étions pour recueillir les voix auroient reparty, qu'il leur paroiſſoit extraordinaire que leſdits Sieurs Conſeillers du Bailliage vouluſſent opiner d'un autre côté que de celuy où ils avoient ſceance, que cela leur étoit neanmoins indifferent & ne meritoit conteſtation, en conſequence avons pris les opinions à commencer par leſdits Sieurs Danjouan & Egrot, & continué dans l'ordre preſcrit par le Traité, Lettres Patentes & Arreſt qui l'ont Homologue & confirmé, dont Acte Fait leſdits jour & an.

DE LA FONS.   DE SAINT MESMIN.   PERDOUX.
COLAS DANJOUAN. LETORE'   PROU.
EGROT.   BUFFREAU.
DUVAL Maire.
BIZOTON.
SEURAT
BLANCHET.
LENORMANT.

Enſuit la teneur deſdites Declarations du Roy, Arreſts de ſon Conſeil & Acte de nomination, deſdits ſieurs Danjouan & Egrot.   D

DECLARATION DU ROY,

Concernant les Appellations des Jugemens des Lieutenans Generaux de Police, & autres Fonctions des mesmes Officiers.

Du 28. Decembre 1700.

LOUIS par la grace de Dieu Roy de France & de Navarre : A tous ceux qui ces presentes Lettres verront, Salut, Nous avons par nos Edits des mois d'Octobre & Novembre mil six cens quatre-vingt-dix-neuf, créé tous les Officiers necessaires pour l'administration de la Police dans toutes les Villes & lieux de nôtre Royaume où la Justice Nous appartient, pour en faire les fonctions ainsi que fait le Lieutenant General de Police de Paris créé par nôtre Edit du mois de Mars mil six cens soixante-sept. Mais comme nous ne nous sommes pas suffisamment expliquez au sujet des appellations de leurs Jugemens, Nous avons esté informez qu'il est survenu plusieurs contestations à ce sujet, ainsi que sur quelques-unes des attributions que nous leur avons faites par lesdits Edits surquoy Nous avons crû d'autant plus necessaire d'expliquer disertement nos intentions que jusques à present la Jurisprudence & l'usage sur le fait desdites appellations ont été tres-differens dans les Ressorts de tous nos Parlemens. A CES CAUSES, & autres a ce nous mouvans, & de nostre certaine science, pleine puissance & autorité Royale, Nous avons par ces Presentes signées de nôtre main, dit, declaré & ordonné, disons, declarons & ordonnons, voulons & nous plaist que l'appel des Ordonnances & Jugemens qui seront rendus par les Lieutenans Generaux de Police, ou en leur absence par nos Procureurs dans les Villes & lieux, où avant leur création l'appel des Sentences renduës par nos Juges sur le fait de la Police étoit porté directement en nos Cours ne puisse être relevé qu'en nosdites Cours. Voulons pareillement que l'appel des ordonnances & Jugemens qui seront rendus par les Lieutenans Generaux des Bailliages & autres Sieges dont les Appellations relevent directement en nos Cours, lesquels ont obtenu ou obtiendront cy aprés la réunion à leurs Offices de ceux de Lieutenans Generaux de Police soit aussi porté en nosdites Cours. Faisons défenses aux Officiers des Bailliages, Senechaussées & Sieges Presidial d'en connoître & de donner aucunes défenses de les executer, a peine de nullité de leurs Jugemens, & de tous dommages & interests des Parties. Voulons qu'hors les cas cy-dessus exprimez, les Appellations des Jugemens rendus par les Lieutenans Generaux de Police établis dans les Villes & lieux distans de plus de dix lieuës de nos Cours foient portées aux Bailliages & autres Sieges où reffortiffoient avant nôtredit Edit, les Appellations des Jugemens rendus par les Juges de Police defdits lieux, & à l'égard des Villes & lieux fituez dans l'étenduë defdites dix lieuës, les Appellations des Lieutenans Generaux de Police qui y feront établis, feront portées en nofdites Cours. Ordonnons en outre, que dans l'un ou l'autre defdits cas, foit que l'appel defdites Sentences foit porté dans nofdites Cours, ou dans les Bailliages & Senechauffées, les Jugemens defdits Lieutenans Generaux de Police, qui ne porteront condamnation d'amendes que jufques a foixante fols, feront executez par provifion, nonobftant l'appel, fahs que pour quelque caufe que ce puiffe être, les Juges d'appel puiffent faire des defenfes de les executer, lefquelles défenfes Nous avons dés à prefent levées & declarées nulles & de nul effet. Voulons que lefdits Lieutenans Generaux de Police ayent rang, fceance & voix deliberative dans les Bailliages & Sieges Prefidiaux & autres Sieges ordinaires des Villes de leur établiffement tant aux Audiances, que Chambres du Confeil, immediatement aprés les Lieutenans Generaux & autres premiers Juges defdits Sieges & avant les Lieutenans Criminels, Lieutenans Particuliers, & tous autres Juges, & dans les Hôtels de Villes en toutes affemblées aprés le Maire, fans qu'ils puiffent neanmoins pretendre prefider en l'abfence, foit des Lieutenans Generaux ou des Maires, mais auront feulement fceance immediatement aprés celuy qui prefidera. Auront pareillement lefdits Lieutenans Generaux de Police dans toutes les Affemblées & Ceremonies publiques, mêm̄e rang aprés les Lieutenans Generaux, en l'abfence defquels ils precederont dans lefdites Affemblées & Ceremonies, tous les autres Officiers qui font precedez par lefdits Lieutenans Generaux. Comme auffi voulons qu'ils ayent rang & fceance dans les Bureaux établis pour la direction des Hôpitaux immediatement aprés les Lieutenans Generaux ou autres premiers Juges des Sieges en l'abfence defquels ils prefideront, en cas que la prefidence appartienne aufdits Lieutenans Generaux, ou autres premiers Juges. Si DONNONS EN MANDEMENT à nos amez & feaux, Confeillers les Gens tenans nôtre Cour de Parlement à Paris, que ces Prefentes ils ayent à faire lire, publier & regiftrer, & le contenu en icelles garder, & obferver & executer felon leur forme & teneur, nonobftant tous Edits Declarations, Reglemens & autres chofes à ce contraires, aufquels Nous avons dérogé & dérogeons par ces Prefentes: Car tel eft nôtre plaifir, en témoin dequoy Nous avons fait mettre noftre Scel à cefdites Prefentes. DONNE' à Verfailles le vingt-huitiéme jour de Decembre, l'an de grace mil fept cens, & de noftre Regne le cinquante-huitiéme. Signé, LOUIS. *Et plus bas,* Par le Roy, PHELYPEAUX. Et fcelées du grand Sceau de cire jaune.

Regiftrées, ouy & ce requerant le Procureur General du Roy pour eftre executées felon leur forme & teneur, & copies collationnées envoyées aux Bailliages, Senechauffées & autres Sieges Royaux du Reffort, pour

*y eftre leuës, publiées & regiftrées, Enjoint aux Subftituts du Procu-
reur General du Roy, d'y tenir la main, & d'en certifier la Cour dans
un mois, fuivant l'Arreft de ce jour. A Paris en Parlement le feptiéme
Ianvier mil fept cens un. Signé DONGOIS.*

DECLARATION DU ROY,

Concernant les Appellations des Jugemens des Lieutenans Generaux de Police & autres fonctions des mêmes Officiers.

Du 6. Acuft 1701.

LOUIS par la grace de Dieu Roy de France & de Navarre : A tous
ceux qui ces pielentes Lettres verront, SALUT; La Création que
Nous avons faite par nos Edits des mois d'Octobre & Novembre mil fix
cent quatre vingt dix neuf, des Lieutenans Generaux & autres Officiers
pour l'Exercice de la Police; ayant donné lieu à plufieurs conteftations
entr'eux & les Officiers de nos Bailliages, Sénéchauffées & autres Juftices ordinaires, fur tout au fujet des Appellations de leurs Jugemens;
Nous avons crû y pourvoir fuffifamment par nôtre Declaration du 28.
Decembre dernier, par laquelle Nous aurions entr'autres chofes Ordonné, que les Appellations des Jugemens qui feroient par eux rendus,
feroient portées en nos Cours, ou autres Jurifdictions où reffortiffoient
les Appellations des Juges qui connoiffoient de la Police avant eux; ce
que Nous aurions fait, dans la vûë de n'apporter à cet égard aucun
changement à l'ordre des Jurifdictions de nôtre Royaume : Mais Nous
fommes informez, que la Jurifprudence a été fur cela jufqu'à prefent fi
diff tente dans tous les Refforts de nos Parlemens, & même l'ufage fi
peu certain, que cette difpofition a donné lieu à de nouvelles conteftations, dans la plus grande partie des lieux de nôtre Royaume, & ex-
cite journellement entre nos Officiers des divifions, dont le Public fouf-
friroit confiderablement, fi Nous n'y apportions un prompt remede, par
une Loy certaine & uniforme, qui ne laiffe lieu à l'avenir à aucunes
conteftations. A CES CAUSES, & autres à ce Nous mouvans,
de l'Avis de nôtre Confeil, certaine Science, pleine Puiffance & Autorité Royale, Nous avons par ces Prefentes, fignées de nôtre main, Dit,
Declaré & Ordonné, Difons, Declarons & Ordonnons, Voulons &
Nous plaît, qu'à l'avenir, dans tous les lieux où il n'y a de Siége de
Juftice ordinaire, que Prévoté, Châtellenie, ou autre Juftice fubal-
terne, les Appellations des Jugemens rendu par les Lieutenans Generaux de Police, qui y ont été ou feront cy aprés établis, foient por-

tées dans les Bailliages, Sénéchaussées ou autres Siéges où ressortissent les Appellations desdites Prévoltez, Châtellenies, ou autres Justices sub-alternes : VOULONS, néanmoins, que dans les Lieux où les Offices de Lieutenans Generaux de Police ont été ou feront cy aprés réunis aux Corps des Villes & Communautez, dont les Consuls, Jurâts, ou au-tres Officiers Municipaux étoient cy-devant en possession de connoître de la Police, & où l'usage a toûjours été de relever les Appellations des Jugemens par eux rendus en fait de Police dans nos Parlemens, il en soit usé à cet égard comme par le passé : Et à l'égard des Villes es-quelles il y a Bailliage, Sénéchaussée ou autres Siéges Royaux, dont les Appellations ressortissent nuëment en nos Cours : VOULONS que les Lieutenans Generaux de Police, qui y ont été ou feront par Nous éta-blis, ne puissent à l'avenir rendre aucuns Jugemens en fait de Police, soit à l'Audience ou autrement, sans être assistez de deux Conseillers desdits Bailliages, Sénéchaussées ou autres Siéges, lesquels feront nom-mez par les Lieutenans Generaux ou autres premiers Officiers desdits Bailliages, Sénéchaussées ou autres Siéges, pour servir en la Chambre de Police, mois par mois & suivant l'ordre du Tableau, donneront leur Avis sur toutes les affaires qui y feront portées, & signeront tous les Jugemens, lesquels feront néanmoins intitulez du nom seul du Lieute-nant General de Police ; Ce que Nous entendons avoir lieu, même à l'égard des Lieutenans Generaux & autres Officiers des Bailliages & Sé-néchaussées qui ont cy-devant obtenu la réunion desdits Offices de Police à leurs Offices ou à leurs Corps ; Et ne pourront les Appellati-ons desdits, Jugemens être portées ailleurs, qu'aux Parlemens où au-tres Cours superieures où ressortissent les Appellations desdits Bailliages, Sénéchaussées ou autres Siéges : Défendons a nos Officiers desdits Bail-liages, Sénéchaussées & tous autres, d'en connoître ni de donner aucu-nes deffenses de les éxécuter, à peine de nullité de leurs Jugemens & de tous dépens, dommages & interêts des Parties ; feront lesdits Con-seillers, qui feront de service en ladite Chambre de Police, tenus de s'y rendre exactement aux heures marquées pour les Audiences de Po-lice, s'il n'y a empêchement legitime, auquel cas ils feront tenus d'a-vertir le Lieutenant General, lequel en nommera d'autres en leur lieu & place, suivant l'ordre du Tableau, en sorte que le service de ladite Chambre ne puisse cesser : Ne pourront lesdits Conseillers s'immisser en quelque maniére que ce soit, en ce qui concerne l'Election des Maîtres & Gardes, & Jurez des Corps des Marchands & Métiers, ni en la Reception des Maîtres & Apprentifs, & generalement en tout ce qui concerne l'Exercice de la Police, & où il n'écherra point de prononcer aucun Jugement ou Ordonnance, lesquelles Fonctions appartien-dront privativement auxdits Lieutenans Generaux de Police, conformé-ment a leur Edit de Création : Auront lesdits Lieutenans Generaux de Police, l'instruction de toutes les Affaires de Police ; Rapporteront &

diftribuëront á leur choix, & recevront tous les Rapports des Comif-
faires, pour y être enfuite ftatué s'il y échet, en ladite Chambre de
Police, fur les Conclufions de nôtre Procureur en la maniére ordinaire.
Voulons que dans les cas où il écherra de faire Affemblée generale
pour le Fait de Police, dans lefdites Villes, efquelles il y a Bailliage,
Sénéchauffée ou autres Sieges, dont les Appellations reffortiffent en
nos Cours, la convocation en foit faite, & les Déliberations prifes en
la maniére & ainfi qu'il a toûjours été pratiqné avant nôtre Edit du
mois d'Octobre 1699, en prefence néanmoins & fur le Rapport du
Lieutenant General de Police defdites Villes, lequel aura Séance efdites Affemblées, immédiatement aprés le Lieutenant General ou autre
Officier auqnel appartiendra de préfider, & préfidera en fon abfence;
& feront les Ordonnances & Reglemens qui feront refolus efdites Affemblées, reçus & redigez, & les Expeditions fignées par les Greffiers
de Police, fans que les Greffiers des Bailliages, Siéges Préfidiaux & autres, puiffent s'y immiffer. N'entendons rien innover au droit & faculté
que Nous avons attribué à nos Procureurs pour le Fait de Police,
créez par nôtre Edit du mois de Novembre 1699, de faire toutes les
Fonctions defdits Lieutenans Generaux de Police en leur abfence, ou en
cas de legitime empéchement Voulons que les Articles xij. & xvj.
du Titre des Matiéres fommaires de nôtre Ordonnance du mois d'Avril
1667. concernant l'éxécution provifoire de tous les Jugemens rendus en
Fait de Police, foient éxécutez, felon leur forme & teneur, & faifons
deffences aux Officiers de nos Cours & autres d'y contrevenir, fous les peines
y portées. Voulons en outre, que nofdits Edits des mois d'Octobre
& Novembre 1699, nôtredite Declaration du 28. Decembre dernier; enfemble les Arrefts de nôtre Confeil des 2. Octobre & 21 Decembre derniers, dont les Extraits font cy-attachez fous le Contre-fcel des Prefentes, foient éxécutez fuivant leur forme & teneur en ce qui ne fe trouvera contraire à la difpofition des Prefentes. Si Donnons en Mandement à nos amez & feaux Confeillers, les Gens tenans nôtre Cour
de Parlement à Paris, que ces Prefentes ils ayent à faire lire, publier
& regiftrer, & le contenu en icelles, faire garder & exécuter felon
leur forme & teneur : Car tel eft nôtre plaifir, en témoin dequoy
Vous avons fait mettre nôtre Scel à cefdites Prefentes Donne à Verfailles, le fixiéme jour d'Aouft, l'An de grace mil fept cent un, & de
nôtre Regne le cinquante-neufiéme, Signé, LOUIS, & plus bas: Par
le Roy, Phelypeaux, & fcellé du grand Sceau de cire jaûne.

*Regiftrées, oüy & ce requerant le Procureur General du Roy, pour
être éxécutées felon leur forme & teneur, & copies collationées, envoyées dans les Siéges, Bailliages, & Sénéchauffées du Reffort, pour
y être lûës, publiées & regiftrees: Enjoint aux Subftituts du Procureur*

General du Roy. d' y tenir la main . & d'en certifier la Cour dans un mois, suivant l' Arrest de ce jour. A Paris en Parlement, le dix-neufiéme jour d'Aoust mil sept cent un. Signé, DONGOIS.

ARREST

DU CONSEIL D'ETAT DU ROY,

Qui Ordonne que les Lieutenans Generaux de Police, connoîtront seuls dans toute l'étenduë du Reſſort des Siéges où ils sont éta-blis de l'execution de la Declaration du Roy du dernier Aoust precédent, & recevront seuls le Serment de ceux qui voudront faire trafic de Bleds & autres Grains, à l'exclusion de tous autres Juges.

Du deuxiéme Octobre 1700.

Extrait des Regiſtres du Conſeil d'Eſtat.

LE ROY ayant par son Edit du mois d'Octobre 1699. creé des Lieu-tenans Generaux de Police auſquels Sa Majeſté a entr'autres fon-ctions attribué la connoiſſance de l'execution de sa Declaration du der-nier Aoust preceedent, touchant le trafic des Bleds, & la reception du Serment de ceux qui voudront faire trafic des Bleds & autres Grains, à l'exclusion de tous autres Juges auſquels elle en a interdit la conoiſ-sance ; Et Sa Majeſté étant informée que sous prétexte que par ledit Edit leſdits Offices sont ſeulement creéz pour les Villes & Fauxbourgs, les Lieutenans Generaux & autres Officiers des Baillinges & autres Siéges Royaux, prétendent conteſter auſdits Lieutenans Generaux de Police, la connoiſſance de l'exécution de ladite Declaration, & la reception du Serment de ceux qui font trafic des Bleds & autres Grains , dans l'éten-duë du reſſort de leur Siége, hors les Villes & Faux-bourgs de leur re-ſidence, ce qui eſt entiérement contraire à l'intention de Sa Majeſté, expliquée par ledit Edit, par lequel la connoiſſance de l'execution de ladite Declaration étant attribuée auſdits Lieutenans Generaux de Police à l'exclusion de tous autres Juges, ils en doivent ſeuls connoître dans toute l'entenduë du reſſort des Siéges où ils ſont établis : A quoy Sa Maje-ſté voulant pourvoir, afin de prevenir toutes les conteſtations qui pour-roient naître entre ces Officiers à l'occaſion de ces fonctions : Oüy le

Rapport du Sieur Chamillart, Conseiller ordinaire au Conseil Royal, Controlleur General des Finances. SA MAJESTE' EN SON CONSEIL a ordonné & ordonne conformément audit Edit du mois d'Octobre 1699. que les Lieutenans Generaux de Police connoîtront seuls dans toute l'étenduë du ressort des Siéges où ils sont établis, de l'execution de ladite Declaration du dernier Aoust precédent ; & recevront seuls le Serment de ceux qui voudront faire trafic de Bleds & autres Grains, à l'exclusion de tous autres Juges ausquels Sa Majesté fait deffences d'en connoître & d'apporter aucun trouble ausdits Lieutenans Generaux de Police, à peine de tous dépens dommages & interests. F A I T au Conseil d'E'tat du Roy, tenu à Fontainebleau le deuxiéme jour d'Octobre mil sept cent. Collationé. Signé, D E L A I S T R E. Avec Paraphe.

A R R E S T

DU CONSEIL D'ESTAT DU ROY,

Qui Ordonne, que les Officiers des Presidiaux, Bailliages & autres principaux Sieges Royaux, seront tenus d'assister les Lieutenans Generaux de Police pour Juger en dernier ressort les Procés des Mendians Vagabonds, conformément à la Declaration du vingt-cinquiéme Juillet dernier, sinon & faute de ce, qu'il leur sera permis d'appeller des Graduez au nombre requis par les Ordonnances.

Du 21. Decembre 1700.

Extrait des Registres du Conseil d'Estat.

LE R O Y ayant par sa Declaration du vingt-cinq Juillet dernier concernant les Mendians ; enjoint aux Lieutenans Generaux de Police de tenir la main à l'execution de ladite Declaration, de faire arrêter lesdits Mendians qui se trouveroient dans les Villes où ils seront établis, & dans les Banlieuës d'icelles, & à ceux desdits Juges qui sont Graduez, d'instruire le Procés & de juger en dernier ressort avec les Officiers des Sieges Presidiaux & principaux Bailliages Royaux des lieux, Ceux desdits Mendians ou Vagabonds valides, & qui peuvent gagner leur vie par leur travail, lesquels seroient trouvez contrevenants à ladite Declaration, & de les condamner aux peines y contenuës, & de faire conduire & enfermer les autres dans les Hôpitaux dans les cas

portez

portez par ladite Declaration ; Et Sa Majesté étant informée , que lors que les Lieutenans Generaux de Police ont fait arrêter des Mendians, Vagabonds, & qu'aux termes de ladite Declaration, ceux d'entr'eux qui font graduez, veulent inftruire le Procés defdits Vagabonds, & les juger en dernier reffort, & appellent pour cela avec eux les Officiers des Bailliages & Sieges Préfidiaux des lieux de leur refidence, lefdits Officiers pretendent préfider ou refufert d'affifter lefdits Lieutenans Generaux de Police, & d'autant que la connoiffance defdits Vagabonds eft expreffement attribuée aufdits Lieutenans Generaux par ladite Declaration, & les Officiers des Préfidiaux & principaux Bailliages ne font que pour les affifter dans les Jugemens, & ainfi ne peuvent pas prerendre y préfider : Sa Majefté auroit jugé à propos, pour lever ces difficultez, qui retardent l'execution de ladite Declaration, d'expliquer de nouveau fes intentions : A quoy voulant pourvoir ; Ouy le Rapport du Sieur Chamillart, Confeiller ordinaire au Confeil Royal, Controlleur general des Finances. SA MAJESTE' EN SON CONSEIL, à Ordonné & ordonne, Que les Officiers des Prefidiaux, feront tenus d'affifter les Lieutenans Generaux de Police, pour juger en dernier reffort les Procés des Mendians Vagabonds, conformément à ladite Declaration du vingt-cinq Juillet dernier : Aufquels Jugemens lefdits Lieutenans Generaux de Police préfideront, & au deffaut defdits Officiers : Sa Majefté permet aufdits Lieutenans Generaux de Police d'appeller des Graduez au nombre requis par les Ordonnances, pour juger conjointement avec eux lefdits Procés. FAIT au Confeil d'Etat du Roy tenu à Verfailles le vingt-uniéme jour de Decembre mil fept cent. Collationné. Signé, DE LAISTRE.

A R R E S T

DU CONSEIL D'ETAT DU ROY,

En faveur des Officiers de Police de la Ville d'Orleans contre les Officiers du Bailliage & Siege Prefidial de la même Ville. Par lequel le Roy fans s'arrêter au doublement de la finance des offices de Lieutenant General & de Procureur de Sa Majefté de Police offert par les Officiers du Bailliage & Siege Prefidial, à accepté les offres des Offices de Police & en confequence les a maintenu en l'exercice de la Police & ordonné que les appellations de leurs jugemens ne pouroient être relevez qu'au parlement de Paris.

Du 27. Septembre 1701.

E

Extrait des Regiſtres du Conſeil d'Etat.

VEU au Conſeil d'Etat du Roy la Requête preſentée en iceluy, par les Officiers du Siege de Police d'Orleans, au nombre de dix-neuf, contenant que de temps immemorial le Prévoſt Juge ordinaire des lieux, a eu connoiſſance de toute la Police juſques en l'année 1583. que ſur les conteſtations qui étoient entre les Maire & Eſchevins, le Bailly, le Preſidial, Prévoſt & autres Officiers de la Ville d'Orleans pour l'exercice de la Police : Le ſieur Chandon Maître des Requêtes fut deputé par Sa Majeſté pour les Regler, & par ſa ſentence du premier Aouſt de ladite année 1583. établit la Juriſdiction de la Police en l'Hôtel de Ville pour y eſtre excercée par le Prevoſt, ſon Lieutenant, le Maire, le plus ancien Echevin, les deux Avocats du Roy du Bailliage, & de la Prévoté, le Procureur du Roy en ladite Prévôté, deux deputez du Clergé, & deux de la Bourgeoiſie ; que depuis ce temps tous ces Juges commis par ladite ſentence, ont connu ſeulement de la Police pour le pain, du netoyement des ruës & places publiques, & des contraventions aux Ordonnances & Reglemens pour le fait de Police. Qu'en l'année 1587 les Conſeillers de la Prévoſté ayant eſté établis à Orleans pour aſſiſter conformement à leur Edit de creation de l'année 1578. le Prevoſt & ſon Lieutenant, tant au Fait de Police qu'au Jugement des Procés civils & criminels, ont connu de toutes les affaires concernant les Maitriſes, Jurandes, Brevets d'Aprentiſſages, contraventions aux Statuts des Communautez des Arts & Métiers conjointement avec ledit Prévôt, ſon Lieutenant, Avocats, & Procureur de Sa Majeſté au Siege de la Prévôté : de ſorte que la Police a eſté exercée à Orleans partie par le Prevoſt & ſon Lieutenant, avec les Maire, Echevins, deputés du Clérgé, & autres Juges commis par la ſentence du ſieur Chandon, & l'autre partie par ledit Prevoſt, ſon Lieutenant & les Conſeillers en la Prévôté juſqu'au mois d'Octobre, & Novembre 1699. que Sa Majeſté ayant créé des Offices de Lieutenans Generaux & Procureurs du Roy de Police les Sieurs de la Fons Prevoſt d'Orleans, le Grand, de Saint Meſmin, Letoré & Turtin Avocats & Procureurs du Roy des Bailliage, Siége Preſidial & Prévôté d'Orleans, ſe ſont pourvûs pardevers Sa Majeſté, & obtenu des Arreſts de réunion, ledit Sieur de la Fons de l'Office de Lieutenant General de Police, à celuy de Prevoſt, & leſdits ſieurs le Grand, de Saint Meſmin, Letoré, & Turtin de l'Office de Procureur du Roy de Police à ceux d'Avocats & Procureurs du Roy, ce qui auroit dépouillé les Maire & Echevins, Lieutenant & Conſeillers de la Prévôté d'Orleans de la part qu'ils avoient à la Juriſdiction de la Police, & les auroit engagez de faire un traité avec leſdits ſieurs de la Fons, le Grand, de Saint Meſmin, Letoré, & Turtin, par lequel entre autres choses toutes les affaires civiles & criminelles de Police contentieuse tant d'Audience, que par écrit, doivent estre jugées conjointement avec eux aux Sieges qui seront tenus pour cet effet, en l'Hôtel de Ville d'Orleans lequel traité a esté non seulement homologué par Arrest du Conseil d'Etat du deux Mars 1700. mais encore confirmé par Lettres Patentes données à Versailles lesdits mois & an, & regiftrées au Parlement le premier Avril suivant; mais comme il a plu à Sa Majesté ordonner par sa Declaration du six Aoust 1701. que dans les Villes où il y a Bailliage, les Lieutenans Generaux de Police seront assistez de deux Conseillers du Bailliage dans les Jugemens qu'ils rendront, pour ne pas laisser tant d'autorité à un seul Juge: les Suplians remontrent tres-humblement à Sa Majesté que ce motif cesse à l'égard du Siege de Police d'Orleans où il y a dix-neuf Juges & Officiers, parmy lesquels il y a actuellement audit Siege de Police. non compris le Lieutenant General de Police, trois Officiers du Bailliage, sçavoir les deux Avocats & le Procureur du Roy desdits Bailliage & Siege Presidial d'Orleans, & que fort souvent deux Conseillers au Bailliage ont seance, & voix deliberative audit Siege de Police lors qu'ils sont élus Echevins, comme il arrive presque toujours, ainsi qu'il paroît par l'extrait du livre de la Ville d'Orleans cy-attaché. A CES CAUSES requeroient les Suplians qu'il plût à Sa Majesté, ordonner que l'Arrest du Conseil du deux Mars 1700. & les Lettres Patentes données en consequence, regiftrées au Parlement le premier Avril 1700. seront executées selon leur forme & teneur; ce faisant & interpretant, entant que besoin est la Declaration du six Aoust dernier, que les Officiers du Siege de Police d'Orleans continuëront à Juger toutes les affaires de Police sans estre tenus d'appeller d'autres Officiers que ceux qui doivent y avoir seance conformement au traité & ausdites Lettres Patentes, & Arrest, qu'au surplus ladite Declaration du six Aoust sera executée, & en consequence que les Appellations de la Police d'Orleans ressortiront nuëment au Parlement de Paris, & les Reglemens generaux seront faits conformement à ladite Declaration, ausquels néanmoins tous les Officiers du Siege de Police d'Orleans seront appellez, ladite Requête signée Millain Avocat des Suplians. L'Edit du mois d'Avril 1578. portant creation de Conseillers & Assesseurs dans les Prevôtez. La sentence du premier Aoust 1583. renduë par ledit sieur Chandon Commissaire deputé par Sa Majesté. Les Edits des mois d'Octobre & Novembre 1699. L'Arrest du Conseil du deux Mars 1700. Lesdites Lettres patentes desdits mois & an regiftrées au Parlement de Paris le premier Avril 1700. L'extrait du Livre de la Ville d'Orleans signé des Maire, Eschevins, & Procureur de Sa Majesté de ladite Ville, & la Declaration du six Aoust dernier. Veu aussi la reponse fournie à ladite Requête par les Officiers dudit Bailliage & Siege Presidial d'Orleans, ausquels elle auroit esté communiquée, tendante à ce qu'il plut à Sa Majesté sans avoir égard audit traité passé entre le

Prevoſt, les Maire, Echevins, & autres Officiers lequel ſeroit caſſé. ordonner l'execution de ladite Declaration du ſix Aouſt dernier, & en conſequence que deux d'entr'eux aſſiſteront aux Jugemens de Police qui ſeront rendus par le Prevoſt ſeul avec leſdits deux Conſeillers, ou que
l'appel des Jugemens deſdits Officiers de Police ſeroit porté au Bailliа-
ge conformement à la Declaration du 28. Decembre auſſi dernier, ou qu'il
plut à Sa Majeſté recevoir leurs offres d'encherir par doublement de prix
les Offices de Lieutenant General & de Procureur de Sa Majeſté de Police de ladite Ville pour eſtre réunis à leurs Corps & exercées par le
Lieutenant General, Criminel & Particulier, & les vingt deux Conſeillers d'ancienne creation, ſuivant & ainſi qu'ils en conviendront entr'eux,
& jouïr de tous les gages, droits, & privileges & prerogatives en commun attribuez auſdits Offices. Les repliques deſdits Officiers du Siege
de Police, contenant leurs offres de la ſomme de vingt mil livres d'augmentation de finance, à condition de jouïr d'augmentation de gages au
denier trente pour ladite ſomme, pour eſtre maintenus dans leur fonctions, ſans avoir égard au doublement offert par leſdits Officiers du re-
ſidial, à la charge que deux d'entr'eux auront ſeance & voix deliberative
audit Siege de Police, & à cet effet nommé par le Lieutenant General
dudit Siege conformement à ladite Declaration du ſix Aouſt dernier,
ſuivant laquelle les appellations dudit Siege de Police ſeront portées au
Parlement de Paris ; Ouy le Raport du Sieur Fleuriau d'Armenonville, Di-
recteur des finances, LE ROY EN SON CONSEIL ſans avoir
égard au doublement de la finance dudit Office de Lieutenant General
de Police de ladite Ville d'Orleans & de celuy de Procureur de Sa Majeſté offert par les Officiers du Bailliage & Siege preſidial de ladite Ville,
a reçû & reçoit l'offre de vingt mil livres d'augmentation de finance
faite par le Lieutenant General, & autres Officiers de Police établis en
ladite Ville par ledit Arreſt du Conſeil du deux Mars mil ſept cens, &
Lettres Patentes expediées en conſequence ; ce faiſant ordonne qu'en
payant és mains de Charles de la Cour de Beauval chargé de la vente des
Offices de Police, ladite ſomme de vingt mil livres, & les deux ſols
pour livre, ſçavoir le principal ſur la quittance du Treſorier des Revenus Caſuels, & les deux ſols pour livre ſur celle dudit de la Cour de
Beauval ; ils ſeront maintenus & confirmez en poſſeſſion & jouïſſance
deſdits Offices des Lieutenant General & Procureur de Sa Majeſté de Police de ladite Ville, pour en faire les fonctions conformement au traité
paſſé entr'eux, homologué par ledit Arreſt du Conſeil du deux Mars
mil ſept cens ; & Lettres Patentes enregiſtrées le premier Avril ſuivant,
à la charge que deux des Conſeillers du dit Bailliage ſeront admis à tour
de Rolle audit Siege & Chambre de Police, pour juger conjointement
avec eux toutes les affaires concernans la Police, conformement à ladite
Declaration du ſix Aouſt dernier ; Et auront rang, ſeance, & voix deliberative immediatement aprés le Lieutenant General de Police, ou au-

tre Officier dudit Siege , qui Presidera en son absence , sans qu'en au_
cun cas lesdits deux Conseillers puissent Presider au moyen dequoy l'appel
des Sentences dudit Siege Police , sera porté au Parlement de Paris ; &
feront les Reglemens generaux de Police faits conformement à ladite
Declaration du six Aoust dernier par le Lieutenant General du Bailliage
conjointement avec tous lesdits Officiers de Police. Veut Sa Majesté
qu'en consequence du payement de ladite somme de vingt mil livres ,
lesdits Officiers jouissent de six cens soixante six livres treize sols quatre
deniers de gages effectifs par augmentation , dont l'employ sera fait dans
les Etats des finances de la generalité d'Orleans conjointement avec
les anciens gages attribuez ausdits Officies de Lieutenant General & Procureur de Sa Majesté de Police de la Ville. Permet Sa Majesté aux
Maire & echevins de ladite Ville , d'emprunter les deniers necessaires pour
le payement de leur part & portion de ladite somme de vingt mil livres , & deux sols pour livre sur le pied de la repartition qui en sera
faite entre tous lesdits Officiers à l'amiable , si non par le Sieur de
Bouville Commissaire départy en la Generalité d'Orleans que Sa Majesté
a pour ce commis , & luy enjoint de tenir la main à l'execution du
present Arrest. FAIT au Conseil d'Etat du Roy , tenu à Fontainebleau
le vingt septiéme jour de Septembre mil sept cens un. Collationé Signé
RANCHIN.

Voiés ci aprés page 39 le traité fait entre les officiers de police en consequence de cet arrest.
Signifié le cinquiéme jour d'Octobre mil sept cens un , à Me. Miliain
Avocat desdits Sieurs de la Fons & Consorts , à la Requête des
Officiers du Bailliage & Presidial , par Boivin Huissier au Conseil.

ANDRÉ JUBERT DE BOUVILLE , CHEVALIER,
Marquis de Bizy & de Clere Vannilleuse , Conseiller d'Etat , In-
tendant de Justice , Police & Finances de la Generalité d'Orleans.

VEU l'Arrest du Conseil d'Etat du Roy cy-dessus , Nous Ordonnons
qu'il sera executé suivant sa forme & teneur. FAIT à Orleans le
sept Janvier mil sept cens deux.
  Signé , JUBERT.
Et plus bas

Par Monseigneur,
TAVERNIER.

Ensuit la Teneur de l'Acte de Nomination.

AUjourd'huy Mercredy 16. Novembre 1701. du matin Nous Charles Fontaine de Manthelon Conseiller du Roy , Lieutenant Particulier Civil & Criminel au Bailliage & Siege Presidial d'Orleans pou

E iij

l'indifpofition de Maître Gabriël Curau^lt Lieutenant General aufdits Sieges étant en la Chambre du Confeil fuivant & en execution de la Declaration du Roy du fix Aouft dernier & Arreft du Confeil donné en
confequence le 27. Septembre enfuivant, Avons nommé les Sieurs Colas Danjouan Doyen des Confeillers dudit Bailliage & Thoinard auffi
Confeiller efdits Sieges dernier en reception & pour fon indifpofition
le fieur Egrot pour fervir pendant le prefent mois de Novembre en la
Chambre de Police ainfi qu'il eft porté par ladite declaration du Roy
& Arreft du Confeil. FAIT & arrefté lefdits an & jour fufdits, figné, Fontaine & Fougeron Greffier.

Ardevant Louis Coüet Notaire au Chaftelet d'Orleans, fouffigné &
témoins foufcrits font comparus Elie de la Fons Ecuyer Sieur de la
Broffe, Confeiller du Roy, Lieutenant General de Police & Prévoft d'Or-
leans Meffieurs les Maire & Echevins de ladite Ville, és perfonnes de Noble
Homme Paul Duval fieur de Viloifeau Maire, Jacques Aleaume fieur de
Lermandiere Receveur des deniers communs de ladite Ville, Noble
Homme François Bizoton Confeiller & Elû en l'Election d'Orleans,
Honorables hommes Ifaac Seurrat & Louis Blanchet Marchands audit
Orleans & Maître Jofeph Lenormant Confeiller du Roy en la Prevofté,
Police & Confervatoire d'Orleans, tous Echevins d'icelle Ville, & Mef-
fieurs les autres Officiers Juges au Siege de Police de la Ville d'Orleans
és perfonnes des fouffignez, lefquels ont rapporté & depofé audit No-
taire fouffigné l'Original en parchemin d'un Arreft du Confeil d'Etat du
Roy du deux Mars mil fept cens, par lequel Sa Majefté auroit Homologué
le Traité fait entre tous lefdits Sieurs comparans, fauf Maître François
Perdoux fouffigné, concernant les fonctions de la Police d'Orleans, figné
enfin Goujon, l'Original en parchemin des Lettres Patentes obtenuës
fur ledit Arreft par lefdits Sieurs Comparans, du mois de Mars audit an
fignées LOUIS & fur le reply par le Roy. PHELYPEAUX, fcellées de
Cire verte, & encore fur le reply eft l'enregiftrement au Parlement le
premier Avril audit an, Signé, DU TILLET, fous le Contre-fcel defquelles eft ledit Arreft du Confeil fufdaté, l'Original en parchemin d'un
Arreft de la Cour du premier Avril mil fept cens, qui Ordonne de l'enregiftrement defdites Lettres Patentes au Greffe de ladite Cour, figné
DU TILLET. l'Original en parchemin, d'un autre Arreft du Confeil d'E-
tat du Roy du vingt-fept Septembre mil fept cens un, par lequel entr'-
autres chofes Sa Majefté à accepté les offres de vingt mil livres & les
deux fols pour livre faites par lefdits Officiers de Police, fouffignez par
augmentation de Finance defdits Offices de Lieutenant General & Procureur du Roy en ladite Police d'Orleans, figné enfin RANCHIN. La
Commiffion fur ledit Arreft dudit jour figné enfin par le Roy en fon
Confeil RANCHIN, & fcellée de Cire jaune, fous le Contre-fcel de laquelle eft le fufdit Arreft & une copie en papier du fufdit Arreft du Con-

feil, Commiffion dudit jour vingt-fept Septembre mil fept cens un, enfin de laquelle eft l'attache de Monfeigneur de Bouville Intendant de la Generalité d'Orleans , en date du fept de Janvier mil fept cens deux. Signé, JUBERT. & plus bas, par Monfeigneur, TAVERNIER. Pour toutes lefdites pieces être mifes en mes minutes, ce qui a été prefentement fait & defquelles moy dit Notaire me fuis chargé-aprés qu'elles ont été paraphées ne varietur par lefdits Sieurs fouffignez duquel prefent Acte leurs fera delivré expedition , ce depoft fait à condition que lefdits Sieurs fouffignez pourront d'un confentement mutuel & non autrement retirer dudit Coüet Notaire lefdites pieces lors qu'ils en auront befoin, pour être mifes és mains de celuy qu'ils conviendront entre eux en s'en chargeant enfin des prefentes dont Acte. Fait & paffé à Orleans en l'Hôtel Commun de ladite Ville, l'An mil fept cens deux le dix-huit Janvier aprés midy prefens Benoift Coüet & Laurent Leblond Clers témoins, la minute des prefentes eft fignée,

DE LA FONS.	LEGRAND.	PERDOUX.
DUVAL Maire.	DE SAINT MESMIN.	CHARBONNIER.
ALEAUME.	LETORE.	LENORMANT.
PIZOTON.	TURTIN.	PROU.
SEURAT		BUFFREAU.
BLANCHET.		LEGRANT.
LENORMAT.		

dudit Notaire & defdits Témoins dûment controllée par Frogier qui a reçû cinq fols ainfi figné , Coüet Notaire avec paraphe & à côté eft écrit fcellé a Orleans le trente-un Janvier mil fept cens deux , Reçû fix fols ainfi figné Frogier.

** Renvoi de la page 37.

Enconfequence de cet arrêt du conseil du 27 septembre 1701 il y a eu untraité entre les officiers de police par lequel ils sont convenus de contribuer entre eux a la finance des 22000# suivant la proportion suivante . . . Sçavoir

1° que les maire echevins paieront 5500# en pure perte pour eux sans participer aux 666# 13f 4d degages attachés a l'augmentation de finance. cy . . . . 5500#

2° que mr de la fons en sa qualité d'elieutenant general de police paiera 7150# et touchera 288# 18f 4d degages. cy . . . . 7150#

3° que les officiers de la prevoté paieront 3850# et toucheront 155# 10f 10d degages. cy . . . . 3850#

4° que Mrs legrand, de st mesmin, letoré et turtin paieront les 5500# restans . . . . 5500#

Sçavoir   Total . . . 22000#

c. Sçavoir

Mr. Laitoré paiera 2200 # et touchera 88 # 17 s. 8 d. de
gages. cy . . . . 2200 #

Et que urs legrand, des mesmin et turtin paieront
les 3300 # restans chacun par tiers et toucheront chacun
44 # 8 s. 10 d. de gages. cy . . . . 3300 #
                                                    L. . 5500 #

par ce même traité les maire et echevins s'obligent
de paier par chacun an aux officiers susdits ou a leur de-
=charge jusqu'au remboursement des gages ci-dessus men-
=tionnés la somme de 158 # 6 s. 8 d. scavoir

a urs dela fons	68 #	12	3 d.
aux officiers dela prevoté	36	18	11
a urs Laitoré	21	2	3
a mr des mesmin	10	11	1
a mr legrand	10	11	1
a mr turtin	10	11	1

158 # 6 s. 8 d.

Le tout au prorata de ce que chacun desdits officiers touche de gages
dans les 666 # 13 s. 4 d. de laquelle somme (en la supposant divisée
en 30 parties) le lieutenant de police en touche . . . 13 parts
Les conseillers dela prevoté 7
Le procureur du roi dela prevoté 4
Le procureur du roi du baillage 2
Le premier avocat du roi du baillage, et 2
Le second avocat du roi du baillage 2
                                            T. 30 parts

c'est a dire suivant ce que chacun desdits officiers
a financé, les gages que touchent chacun d'entre eux
etant proportionnés a ce que chacun a paié de finance, dont par ce moien ils touchent l'interêt au denier 20.

[Le present traité a eté homologué par ordonnance de
urs de bouville intendant d'orleans en datte du 18 janvier
1702.]

Copie du Traité des avocats et procureurs du Roi
du Baillage et de la prevoté
pour la Reunion à leurs offices de celui de procureur
du Roi de police d'Orleans.
du 1er Janvier 1700.

Nous soussignés françois Legrand, Daniel de St mesmin,
Gaston jean baptiste Letoré, et jean françois Turtin avocats
et procureurs du Roi au Baillage et prevoté d'Orleans sommes
convenus de lever et prendre en commun la charge de procureur
du Roi de la police nouvellement creée en cette ville pour être
reunie a nos dits titres d'avocats et procureur du roi, et icelle exercer
par nous et nos successeurs a nos dits offices en la maniere qui
ensuit, c'est a sçavoir qu'appartiendra a moi Letoré seul la
jurisdiction non contentieuse de la ditte police avec tous les
emolumens qui en dependent, et a l'egard de touttes autres affaires
qui seront instruittes contestées et jugées sur vû de pieces elles
seront vûes et reglées au parquet a la pluralité des voix, les deux
voix de nous des St mesmin et Letoré n'étant comptées que pour
une en cas de concurrence, la plume demeurant a moi Letoré
procureur du roi de la prevoté seul, et en mon absence a l'ancien
avocat du Roi et successivement au second avec tous les emolumens de la jurisdiction non contentieuse appartenans a moi
procureur de la prevoté seul sans qu'en aucun cas la plume ni les
dits emolumens appartiennent a moi des St mesmin sinon en cas
d'absence des dits deux avocats du roi et procureur du roi de la
prevoté, a l'egard des emolumens de la jurisdiction contentieuse ils
seront partagés entre nous par quart et pour quoi nous nous
tiendrons respectivement presens, assisterons conjointement aux
audiences, porterons promiscuement la parole même en cas
d'absence de lieutenant general de police ferons les fonctions de
sa charge alternativement a commencer par l'ancien et suivi an

(42)

second avocat du Roi · et en consequence moi Letoré paierai
par preciput et hors part la somme de cinq mil livres et les deux
sols pour livre en consideration des emolumens de la jurisdiction
noncontentieuse a moi seul reservés. le surplus de la finance
a laquelle sera reglé ledit office sera par nous paié par quart, et
aussi nous appartiendront par quart les gages et sel attachés
audit office. contribuerons entre nous quatre pour la poursuitte
de ce que chacun de nous entre dans le present traité. sommes
encore convenu nous de S.t mesmin et Letoré que la seance dans
le siege roulera entre nos successeurs audit office. fait et arreté
quadruple entre nous sous nos seings privés a orleans ce treize
janvier mil sept cent.

A eté aussi convenu qu'en cas d'absence de celui de nous quatre
qui sera en tour pour representer le lieutenant general de police
et faire les fonctions, celui qui le suivra immediatement fera les dittes
fonctions sans que le temps pendant lequel il les fera lui puisse être
precompté sur son tour suivant. fait les jour et an que dessus.
Signé Legrand, de S.t mesmin, turtin, et Letoré.
homologue sur arret du conseil du 26 Janvier 1700. Noté sur p. xq. 14.

9 782329 489353